G. MACON

LA VILLE

DE

CHANTILLY

I — 4

LES ORIGINES

SENLIS

IMPRIMERIE EUGÈNE DUFRESNE

4, RUE DU PUITS-TIPHAINE, 4

1908

La Ville de Chantilly

I. — LES ORIGINES

G. MACON

LA VILLE

DE

CHANTILLY

I

LES ORIGINES

SENLIS

IMPRIMERIE EUGÈNE DUFRESNE

4, RUE DU PUITS-TIPHAINE, 4

1908

La Ville de Chantilly

LES ORIGINES

Si la ville de Chantilly doit son existence aux princes de Condé, si la paroisse n'a été créée et le territoire délimité qu'en 1692, il n'en faut pas induire que rien, avant cette date, n'existait sur l'emplacement actuel. Chantilly avait déjà un très long passé, dont la villa du romain Cantilius avait marqué le départ. Inutile de remonter au delà : les documents préhistoriques recueillis dans notre région témoignent amplement qu'elle fut habitée à une époque très reculée ; ne prenons Chantilly qu'au moment de son baptême.

Il est permis de penser que l'établissement de la *villa Cantilliaca*, du *Cantilliacus fundus*, suivit de près la conquête des Gaules. Du créateur de ce domaine, nous ne savons que le nom, qui est bien romain : Tite-Live (xxii, 57) nous a conservé le souvenir d'un scribe nommé *L. Cantilius*, et Muratori a publié une inscription qui mentionne un personnage nommé *T. Cantilius Faventinus*. Un autre romain, Avilius, fut le voisin de notre Cantilius, et laissa aussi son nom à son domaine : Avilly.

Les enfants n'ont pas d'histoire, et l'enfance de Chantilly fut longue. Pour les premiers siècles de son existence, je ne vois d'autres témoins que les tombes de pierre qui furent découvertes en 1875 dans le jardin de Mᵐᵉ Chapard ; une autre tombe avait été relevée, quinze ans auparavant, près du viaduc du chemin de fer. Ces tombes indiquent des agglomérations très anciennes sur le versant méridional de la vallée de la Nonette ; ces agglomérations ont subsisté jusqu'au xviiiᵉ siècle avec les hameaux des Fontaines et de Quinquempoix.

Dès le xᵉ siècle, Chantilly est aux mains d'une puissante famille de Senlis qui possède d'immenses domaines, bientôt divisés, morcelés, par suite de partages de successions, de donations aux abbayes et aux églises, de constitutions de fiefs. Au XIIe siècle, nous trouvons le château de Chantilly au lieu même où il se dresse aujourd'hui, un rocher entouré d'eau ; le domaine qui s'y rattache directement est fort petit et formera, deux siècles plus tard, le premier parc, comprenant le bois situé entre la vallée de la Nonette et l'étang de Sylvie. Au sud de cet étang, comme au sud et à l'ouest des fossés du château, rien n'appartient plus en propre au seigneur de Chantilly.

Les bois de Saint-Nicolas d'Acy s'arrêtent à la vallée de Sylvie, dite alors val de Mathias, du nom du propriétaire. Depuis la vallée jusqu'à la hauteur des Écuries, avec une bande longeant la forêt jusqu'au bois Bourillon, la terre est cultivée et appartient à Hugues Bouvier. de Pontoise, conjointement avec son parent Mathias, de Senlis ; cette propriété comprend, dans la vallée, l'espace délimité par le Jeu de Paume, le fossé du château et le cours d'eau du jardin anglais, autrefois la Nonette. L'ancien cours de cette rivière a disparu dans la transformation des lieux au XVIIe siècle ; il peut se figurer par une ligne qui, traversant en diagonale l'octogone ou tête du Grand Canal, se dirige sur le Hameau, qu'elle longe au nord, touche la tête de la Manche, suivant ensuite le canal de l'île d'Amour et une ligne parallèle au canal Saint-Jean jusqu'en face de l'avenue du Bouteiller, où la rivière se déversait par un gril dans le vieil étang de Gouvieux : la prairie a gardé le nom du Gril.

Vers 1140, Hugues Bouvier et Mathias donnèrent leurs biens de Chantilly à l'église de Saint-Leu d'Esserent. Le prieuré fut aussitôt en butte aux réclamations de Gui II de Senlis, bouteiller de France, seigneur de Chantilly, qui revendiquait les biens de Bouvier comme étant de son fief. Un accord conclu en 1152 établit l'indivision des biens, appartenant pour deux tiers aux moines de Saint-Leu, pour un tiers au seigneur de Chantilly. Un second accord prononça la division en 1203, et Gui III le Bouteiller fit alors édifier des bâtiments d'exploitation, sa « grange », comme on disait, en face de son château (entre le Pavé et les Six-Arbres). Un peu plus loin s'élevèrent (entre le fossé du château et le Jeu de Paume, près de la route) les bâtiments d'une ferme qui reçut le nom de Grange Saint-Leu, Petit Saint-Leu, et, au XVᵉ siècle, celui de Bucamp, qui s'est conservé. Les moines de Saint-Leu, qui possédaient en outre des bois dans la forêt, complétèrent leur domaine en se faisant céder (janvier 1240) par Hugues de Vineuil et sa femme Agnès sept arpents qui touchaient à leur culture de Chantilly, *juxtà culturam nostram propè Chantilly.* Leur propriété marquait l'extrémité du territoire de la paroisse de Saint-Léonard et du diocèse de Senlis ; au delà, c'était la paroisse de Gouvieux et le diocèse de Beauvais ; au nord, la Nonette séparait les terroirs de Vineuil et de Saint-Firmin de celui de Chantilly.

L'exploitation agricole des moines de Saint-Leu fut prospère pendant un siècle et demi. Puis la « grange » ou ferme dut être fort endommagée en 1358 par les Jacques, qui s'emparèrent du château de Chantilly, le mirent à sac et brûlèrent les archives. C'est vers cette époque sans doute que les moines renoncèrent à l'exploitation directe de leur petit domaine et l'aliénèrent à titre de cens et rente ; je relève en effet l'article suivant dans une « Déclaration des revenus et appartenances du prieuré de Saint-Leu », faite le 1ᵉʳ janvier 1385 : « A Chantilly, une maison où l'église a toute justice, et appartenant à ladite maison environ 12 arpens de pré et 40 arpens de terre (au total une vingtaine d'hectares), et est adcensé par an à 8 livres ».

Il faut croire que le tenancier abandonna l'exploitation et que la ferme rentra dans la directe du prieuré, car, le 12 mai 1397, frère Philibert Foucaut, prieur de Saint-Leu, loue à Guillaume Cochet, écuyer, capitaine de Chantilly, agissant au nom de son maître, Amaury d'Orgemont, « nostre hostel, granche, cour, jardins, avec toute la justice et seigneurie appartenant audit hostel, nommé la Granche Saint-Leup, et tous les prez, terres, eaues, cens, rentes, champarts, revenues, etc. », pour une durée de trente années, moyennant 6 livres parisis de loyer annuel. M. d'Orgemont consentait un prêt de 50 à 60 francs d'or, « qui seront employés es refections dudit hostel et non ailleurs ». Ceci indique que les bâtiments étaient en fort mauvais état. Ils furent certainement réparés, et probablement par le maître-maçon qui avait reconstruit le château de Chantilly de 1386 à 1393, Jean Quatrehommes ; lui-même en est locataire quelques années plus tard, et il figure à ce titre sur un état du revenu de la terre de Chantilly dressé en 1415 : « De Jehan Quatrehommes, pour sa maison qu'il tient à loyer, nommée la Granche Saint-Leu, avec les jardins, 72 sols parisis ». Le locataire n'ayant que les jardins, il s'ensuit que le seigneur de Chantilly avait uni les terres et les prés à son exploitation.

* *

A l'ouest du domaine des moines de Saint-Leu, se développait le terroir d'un hameau qui prit au XIIIe siècle le nom de Quiquenpoit. Borné au sud par la forêt, il englobait toute la plaine jusqu'aux Aigles ; du côté du nord, où il ne devait guère dépasser le viaduc du chemin de fer, il était limité par l'étang ou plutôt les marais de Gouvieux, car la partie supérieure du vaste étang, depuis la Canardière jusqu'au gril où il recevait la Nonette, paraît s'être envasée de bonne heure et transformée en prairie marécageuse. Au-dessus du Gril, la rivière formait séparation entre le terroir de Quiquenpoit et celui de Vineuil.

Le Gril était un carrefour où aboutissaient les routes de la Chaussée, de Vineuil, de Quiquenpoit et de Chantilly. Au bord du plateau, le chemin de Chantilly à Gouvieux ; plus loin, près de la forêt, celui de Senlis à Gouvieux, dont un fragment subsiste sous le nom de rue de l'Embarcadère ; en prolongeant par la pensée cette rue dans la direction de la chapelle Sainte-Croix, et, vers l'ouest, au delà du chemin de fer, on reconstitue facilement cette voie ancienne dont nos documents feront souvent mention. Ajoutons qu'à cette époque reculée la plaine comprenait l'emplacement du bois Bourillon, du bois qui y fait suite de chaque côté de la route de Laigle, ainsi que le canton des Houys.

Tout le terroir était en culture ; les maisons étaient disséminées sur le versant de la vallée, quelques-unes agglomérées vers l'est autour de la chapelle Saint-Germain, qui se trouvait sur la seconde terrasse du jardin de Mme Chapard. Cette chapelle était accompagnée d'un cimetière, qui avait succédé à une première et très ancienne nécropole dont quelques tombes, en pierre, ont été découvertes en 1875.

L'usage a consacré la forme *Quinquempoix*; mais la véritable orthographe est *Quiquenpoit*, dont la dernière syllabe est la troisième personne de l'indicatif présent du verbe *poiser, poeser, peser* : à qui cela pèse-t-il, qui cela gêne-t-il, qui s'en plaint ; on dira plus tard, dans le même sens, Quiquengrogne. Ce nom dut être donné, au XIII° siècle, à la maison fortifiée, à la tour, érigée par le détenteur du fief.

La chapelle est plus ancienne. Nous en rencontrons la première mention dans un document de 1219, où elle est nommée *monasterium sancti Germani de Chantilly*, moustier ou église de Saint-Germain de Chantilly ; en 1234, c'est la chapelle de Chantilly, *capella de Chantilly* ; en 1280, le nom de Quiquenpoit existe : *capella sancti Germani alias de Quiquenpoit in parrochia de Gouviz*, chapelle de Saint-Germain, autrement de Quiquenpoit, dans la paroisse de Gouvieux.

La charte de 1219 règle le partage de la rivière, depuis le moustier de Saint-Germain de Chantilly jusqu'à Avilly, entre Richard de Vernon, seigneur de Gouvieux, et Gui de Senlis, bouteiller de France, seigneur de Chantilly. Une borne fut posée à la tête du mur de la Grange Saint-Leu, assez près du château, une autre à la tête de la Genevraie, c'est-à-dire à hauteur de l'octogone du Grand Canal, et la rivière fut ainsi divisée en trois parties : la première appartenant à Richard de Vernon, la seconde à Gui le Bouteiller, la troisième, de la Genevraie à Avilly, restant commune entre eux. Le nom de la rivière n'est pas donné dans l'acte, qui rappelle tout d'abord que « l'eau de Gouvieux » appartient à Richard de Vernon jusqu'au moustier de Saint-Germain. Un précédent accord, conclu en 1205, avait établi entre les deux seigneurs la propriété commune de « toute l'eau de Chantilly » jusqu'à Avilly ; Richard et Gui pouvaient y pêcher, chacun pour soi, mais ils s'interdisaient de donner à d'autres la permission d'y prendre du poisson.

Lors du partage de la succession de Gui III le Bouteiller (février 1227), Chantilly échut à son fils puîné Guillaume, ainsi que « la terre de Gouvieux », *terram de Goviz*. Comme Gouvieux avait un autre seigneur, la « terre de Gouvieux » ne peut être ici que la partie du terroir de la paroisse de Gouvieux qui nous occupe et qui ne porte pas encore le nom de Quiquenpoit. A cette date de 1227, cette « terre de Gouvieux » est-elle dans la directe du seigneur de Chantilly? Est-elle déjà un fief dont il n'a plus que la suzeraineté? Le certain est que le fief existe en 1230 et qu'il est aux mains de Gautier d'Aunay. La famille d'Aunay était puissante et riche; la petite-fille de Gautier, Jeanne, épousa Jean de Chantilly, fils de Guillaume, et lui apporta en dot une partie de la terre de Moussy-le-Neuf et la sénéchaussée de Dammartin.

On peut croire que Gautier d'Aunay fit édifier un hôtel seigneurial avec l'intention d'y résider, car il prit soin tout de suite d'assurer près de lui le service divin. La chapelle Saint-Germain, n'étant pas église paroissiale, devait être fort irrégulièrement desservie; Gautier voulut y attacher un prêtre, dont il constitua le revenu au mois d'août 1234. Avec le consentement de dame Yolande, sa mère, sénéchale de Dammartin, et de sa femme Marguerite, il assigne à la chapelle le quart de la dîme du Mesnil-Madame-Roisse (Le Mesnil-Amelot), un muid de blé sur le champart dudit lieu, 10 arpents de bois dans la forêt de Chantilly, et il y ajoute une somme de 100 livres parisis pour constituer une rente. Son chapelain Roger fut le « premier chapelain de la chapellenie de Chantilly », *primus capellanus capellanie de Chantilly*. Le chapitre de Notre-Dame de Senlis resta le collateur de la chapelle.

En 1293, la terre et seigneurie de Quiquenpoit est tout entière aux mains de Thibaud d'Aunay, petit-fils de Gautier [1]. J'ignore comment ce domaine sortit de la famille d'Aunay ; au milieu du XIVe siècle, on le trouve démembré : le siège du fief, avec une partie des terres et des bois, est dans la famille de Trie ; vers 1360, Isabeau de Trie, petite-fille du maréchal Renaud, l'apporte en mariage à Jean de Châtillon, seigneur de Bonneuil, second fils de Jean de Châtillon, souverain maître de l'hôtel du roi, et d'Isabeau de Montmorency. Je n'ai pu

---

[1] Pour les bois qui en dépendaient, voir mon *Historique du domaine forestier de Chantilly*, I, 18-21 (Senlis, 1905).

découvrir d'autre alliance à cette époque entre la maison d'Aunay et la maison de Trie que le mariage de Jean de Trie, oncle d'Isabeau, avec la veuve d'Ansel d'Aunay, Clémence de Joigny.

Dans l'aveu rendu au roi par Gui de Laval, seigneur de Chantilly, le 8 juin 1376, il cite au nombre des fiefs relevant de son château : « Fief séant à Quiquempoit, que tient à présent messire Jean de Chastillon, chevalier, contenant la maison, les jardins de Quiquempoit, avec certaine quantité de terres arrables assises environ ladite maison et au terroir ». Le 11 mars 1379, Isabeau de Trie, alors veuve, fournit, au nom de ses enfants, l'aveu et dénombrement de son fief à Gui de Laval. Cet aveu fut renouvelé au successeur de Gui de Laval, Pierre d'Orgemont, le 12 mai 1388, par Philippe de Précy [1], qui avait épousé Jeanne de Châtillon, une des deux filles de Jean et d'Isabelle. « Le manoir de Quicquenpoit, séant près de Chantilly, en la prévosté de Senlis, avec la tour, le coulombier, les jardins et les appartenances dudit manoir, ainssy que tout le lieu se comporte ; item les arres et les fosses d'entour ledit manoir ; item huit arpens de terre gaignables ou (au) clos devant la porte dudit manoir, tenant à Estienne de Compiègne, escuyer, d'une part, et au chappelain de Quicquenpoit d'autre part ; item une autre pièce de terre contenant vingt et quatre arpens ou environ, tenans à la dame du Quesnoy, qui fut femme messire Auffont de Rouvroy, d'une part, et audit Estienne d'autre part ; item une autre pièce contenant seize arpens ou environ, tenans à ladite dame du Quesnoy d'une part, et au chappelain de Quicquempoit d'autre part ; item... (plusieurs pièces de bois dans la forêt). La basse justice desdits héritages. La chappelle, et patronnage d'icelle, dudit Quicquempoit, laquelle le chappelain qui obtient icelle ne veult desservir et sy en prent les proufis ; et pour ce je prie à mon dit seigneur qu'il luy plaise moy aidier à pourchassier que ladicte chappelle soit desservie ». Ce chapelain négligent était

---

[1] Fils de Guillaume de Précy et de Béatrix de Saint-Simon, dont la sœur avait épousé Mathieu de Rouvroy, dans la famille duquel elle porta le nom de Saint-Simon. — « Le seigneur de Précy, à cause de sa femme », était déjà en possession du fief de Quicquenpoit le 28 mai 1386, date de l'acquisition de Chantilly par Pierre d'Orgemont.

alors Étienne du Bois, chanoine de Senlis; il avait succédé à Jean Blandas en 1374.

Le domaine du fief principal de Quiquenpoit ne comprenait donc plus, en dehors des bois, que 48 arpents de terre en trois pièces, environ 19 hectares. Philippe de Précy fournit un autre aveu à Pierre II d'Orgemont, fils d'Amaury, le 26 février 1403, mais de façon beaucoup moins précise : « Une tour avec l'ostel, court, jardin et pré, si comme tout le lieu se comporte haut et bas, appellée la tour de Quiquempoit, avec plusieurs terres et bois éboulus qui sont de petite valeur, dont je ne sçay pas le nombre pour ce que je ne les ay pas fait mesurer... ». Cette rédaction laisse entrevoir un état d'abandon. Certes le seigneur de Précy n'habitait pas Quiquempoit; mais son petit domaine devait être affermé, ou acensé, et il parait alors vacant. A cet abandon allait bientôt succéder la ruine absolue.

Ce fief principal de Quiquempoit, comprenant l'hôtel seigneurial, était encadré entre deux autres fiefs provenant du démembrement. Le plus important par l'étendue des terres touchait au domaine des moines de Saint-Leu; après avoir appartenu à Robert du Lis, puis à sa veuve, il est occupé en 1386 par Guillaume de Faigne, prévôt de Gouvieux, et par Étienne de Compiègne, écuyer, puis par les deux gendres de Guillaume de Faigne, Jean Le Charon, prévôt de Senlis, et Jean Culdoe. Ce fief consiste en terres et prés qui devaient être exploités par des fermiers.

Le 15 mars 1408, « Jehan le Charon le jeune, demeurant à Senlis, advoue tenir en foy et hommage de messire Pierre d'Orgemont, seigneur de Chantilly, la moitié par indivis d'un certain fief séant au plus près de la grange Saint-Leu, nommé le fief qui fu jadis à deffuncte madame du Liz, et depuis appartint à feu Guillaume de Faigne, en son vivant prévost de Gouvieux;... . 96 arpens de terre séans entre la grange Saint-Leu et le buisson Jehan le Mire [1], tenant d'un costé au chemin royal qui va de Senlis à Gouvieux, d'autre part au chemin qui

---

[1] Le 7 avril 1330, Basilie la Miresse, de Gouvieux, béguine demeurant à Senlis, fait une donation à Saint-Vincent. Une autre habitante de Senlis, Marie de Trossy, donne à la même abbaye divers héritages sis à

va de ladicte grange Saint-Leu ou greil de l'estang de Gouvieux, tenant d'un bout aux religieux dudit Saint-Leu, et d'autre au seigneur de Précy ; sept quartiers de pré tenant au gué Saint-Leu (vers l'île d'Amour) et d'autre part audit Mᵣ de Précy, aboutant au long de la rivière et au marais dudit Gouvieux... ».

Le 10 décembre 1413, Jean Le Charon vendit la moitié indivise du fief à Marie de Paillart, veuve d'Amaury d'Orgemont, agissant évidemment au profit de son fils Pierre, seigneur de Chantilly. L'acte donne le détail des terres qui composaient le fief : « 96 arpens de terre en plusieurs pièces entre la granche de Saint-Leu d'Esserens et le buisson Jehan le Mire, savoir : environ 24 arpens devant la maison de ladicte granche, tenant d'une part aux terres de ladicte granche et d'autre part aux terres de Quiquempoit, aboutant au bout d'en hault à la forest de Chantilly et au bout d'en bas aux prés ; une pièce de terre séant entre le greilg (le gril de l'étang) et le chemin de Gouvieux, tenant d'une part aux terres du seigneur de Précy (à Quiquempoit) et d'autre part à la gorge Maronnet (aux Fontaines), aboutant au bout d'en hault..., et au bout d'en bas aux marés de Gouvieux ; et le surplus est en bruières ; sept quartiers de pré... ».

Je ne sais si l'autre moitié indivise du fief avait déjà été acquise par le seigneur de Chantilly ; il est seulement certain qu'en 1415 le fief lui appartenait en entier.

A la suite de l'hôtel seigneurial de Quiquempoit, dont l'emplacement se détermine au-dessous de la maison de Mᵐᵉ Chapard, se trouvait le siège d'un autre fief possédé vers 1360 par un avocat de Senlis, Jean Maquille, qui joua un certain rôle dans la tourmente qui suivit Poitiers : le 5 octobre 1358, le dauphin Charles lui octroya un don « pour avoir enduy et ennorté les habitans de Senlis quand le roy de Navarre vint à grant ost devant la ville » [1]. Il avait épousé Marguerite de

Gouvieux, par elle acquis de Jean le Mire (*Johannes Medicus*, Jean le médecin ou le mire), demeurant en son vivant à Clermont (Archives de l'Oise, II. 687).

[1] Siméon Luce, *Histoire de la Jacquerie*, édition de 1895, p. 218 ; d'après Secousse, *Charles le Mauvais*, preuves, II, 99.

Travecy, dont il eut deux fils, Pierre et Jean, et une fille, Félize, mariée à Jean Lorfèvre de Chambly.

Le 2 avril 1370, « honorable homme et sage maistre Jehan Maquille, avocat à Senlis, baille et délaisse à droit cens, à tousjours et perpétuellement, à maistre Thomas de Caiz et à Jehanne, sa femme, demeurant à présent à Quiquempoit, un hostel ou manoir, avec les courtieulx et les terres labourables et neuf quartiers de pré, que ledit Jehan a audit Quiquempoit, pour le prix et somme de 50 sols parisis de droit cens annuel et perpétuel ».

Cette aliénation à titre de cens n'emportait pas la seigneurie ; aussi est-ce encore Jean Maquille qui est nommé dans l'aveu rendu au roi par Gui de Laval le 8 juin 1376 : « Ung autre fief assiz audit Quiquempoit, que tient à présent maistre Jehan Maquille, contenant une maison, lieux et jardin ainsi comme tout se comporte, avec certaine quantité de terres arrables appendans à ladicte maison ». En 1379, Jean Maquille est remplacé par « madame du Quesnoy, qui fu femme messire Auffont (Alphonse) de Rouvroy » ; elle est encore nommée en 1388, puis elle disparait. Or l'acte du 28 mai 1386 par lequel Pierre d'Orgemont acquit la seigneurie de Chantilly nous apprend que ce fief de Quiquempoit est dans sa main « par défaut d'homme » ; il y resta, en vertu du droit féodal, et ce fut probablement à cette occasion qu'un vidimus de l'arrentement du 2 avril 1370 fut délivré au seigneur de Chantilly par le garde de la prévôté de Paris, Jean de Folleville, le 18 octobre 1393. La maison n'avait d'ailleurs pas cessé d'être occupée par un tenancier, car nous relevons dans un état des revenus de Chantilly dressé en 1415 : « Jehan du Hec doit chacun an, tant de rentes comme de cens, 50 sols parisis pour sa maison, terres, jardins et prés qu'il tient à Quiquempoit ».

*
* *

Pierre II d'Orgemont, fils d'Amaury et de Marie de Paillart, périt au désastre d'Azincourt le 24 octobre 1415 [1]. Il avait

---

[1] C'est à tort que les historiens l'ont confondu avec un autre Pierre d'Orgemont, maitre des Requêtes de l'hôtel du Roi, qui devait être son cousin et qui vivait encore en 1417.

épousé, en mai 1405, Jacqueline Paynel, sœur de Guillaume
Paynel, seigneur de Hambye en Normandie ; elle avait eu en
dot mille francs d'or et une rente annuelle de 200 livres tournois. Elle demeurait veuve, avec trois petits enfants, au
moment où le pays des environs de Chantilly allait devenir le
théâtre d'une lutte acharnée entre les Anglo-Bourguignons et
les Armagnacs. Il fallait un vaillant homme de guerre pour
défendre Chantilly, et, vers le commencement de 1418, Jacqueline Paynel contracta un second mariage avec Jean de Fayel,
vicomte de Breteuil, qui commandait depuis plusieurs années
le fort de Précy-sur-Oise, occupé comme celui de Chantilly
par les partisans du Dauphin. Peu après, les Bourguignons
étaient maîtres de toutes les places voisines, et Chantilly se
trouva pris comme dans un étau. Pendant trois ans, le vicomte
de Breteuil ne cessa de guerroyer et réussit à conserver Chantilly ; mais il mourut au printemps de 1421, et sa veuve,
menacée d'un siège, livra la forteresse aux Anglo-Bourguignons
au mois de novembre suivant. En échange de cette capitulation
sans lutte, Jacqueline Paynel reçut des lettres de rémission
pour elle et tous les habitants du château, où elle demeura
sans être inquiétée ni subir aucun dommage. Par contre, la
campagne environnant Chantilly était complètement ruinée ;
les villages avaient été désertés par les paysans, et les terres
laissées en friche.

Au mois de novembre 1422, Pierre III d'Orgemont, qui était
dans sa dix-septième année, fut marié à Marie de Roye, fille de
Mathieu, seigneur de Roye et de Muret. En 1426, il fournit au
roi [1] l'aveu et dénombrement de Chantilly ; ce document mentionne nos trois fiefs de Quiquempoit :

« Ung fief séant à Quiquempoit, que tenoit jadis messire
Jehan de Chastillon, chevalier, et le tient à présent messire
Louis de Précy, contenant la maison, les jardins de Quiquempoit, avec certaine quantité de terres ahannables assises environ la maison et au terrouer ; toute la justice et seigneurie
haulte, moyenne et basse ;

« Ung aultre fief assis audit Quiquempoit, que tenoit maistre

---

[1] Dans la circonstance, le « roi » était le roi Henri d'Angleterre.

Jehan Maquille, lequel est en ma main par deffault d'homme, contenant une maison, le lieu et jardins ainsi comme tout se comporte, avec certaine quantité de terres ahannables appendans à ladicte maison ;

« Ung aultre fief assis à Quiquempoit et la forest de Chantilly, que souloit tenir Jehan le Charon, bourgoys de Senlis, et à présent est en mon demaine par achat fait par feu monsieur mon père, contenans 90 arpens de boys....., avec 96 arpens de terre séans entre la granche Saint-Leup, Chantilly et le buisson Jehan le Mire ; item sept quartiers de prez au gué Saint-Leup ».

A cette époque les Anglo-Bourguignons sont les maîtres incontestés du pays ; ils n'y exercent aucune violence, administrent sagement, et l'on recommence çà et là à cultiver la terre. Cette accalmie fut de courte durée. L'arrivée de l'armée de Charles VII en 1429 ramena les horreurs de la guerre ; Senlis et Chantilly rentrèrent définitivement sous l'autorité du roi légitime, mais les Anglais reprirent Creil et Pont Sainte-Maxence, et ce fut pour longtemps une lutte sans trève ni merci. Foulée tous les jours par les partis qui couraient la campagne, notre région ne tarda pas à se changer en désert. Nul doute que la ruine n'ait été complète alors pour la Grange Saint-Léu comme pour Quiquempoit.

Seul le château restait debout, toujours occupé par une petite garnison qui suffisait à le protéger de toute insulte. Sa situation le mettait d'ailleurs à l'abri d'un coup de main, et la forteresse avait plus d'importance qu'au temps des Jacques. Lorsque Pierre d'Orgemont avait acquis la terre de Chantilly en 1386, son premier soin avait été de reconstruire le château, lui assignant le périmètre et les bases qui ont été conservés depuis. Le travail dura sept années ; commencé par l'ordre de Pierre, alors âgé de quatre-vingt-trois ans, il fut terminé par les soins de son fils Amaury. Celui-ci nous a laissé lui-même des renseignements précis ; nous relevons en effet les mentions suivantes dans un inventaire de ses papiers annoté de sa main :

« Une lettre donnée en l'an 1386, par laquelle Jehan Quatrehommes, Guillaume, Guillot, Robin et Jehan, diz les Bruyers, maçons, prennent pour certain pris de messire Pierre d'Orgemont à faire le pan de mur et quatre tours au front devant le chastel de Chantilly », c'est-à-dire la façade qui regarde la terrasse du Connétable.

Le 4 mars 1389, « Jehan Quatrehommes, Guillaume et Jehan Bruyer, maçons, confessent avoir reçu sur le maçonnage de Chantilly la somme de 5265 francs et 4 sols parisis ».

Le 25 novembre 1389, « Jehan Quatrehommes et Jehan de Septvaulx se obligent de faire dedans certain temps au chastel de Chantilly un pan de mur et une tour au milieu, au costé devers Vineuil ».

Le 13 mai 1391, « Nicaise Hénancart, charpentier, oblige son corps et ses biens pour faire plusieurs ouvrages de charpenterie à Chantilly, dont il avoit marchandé à messire Amaury d'Orgemont ».

Le 16 juillet 1391, « Jehan le Roy et Jehan Malour, charpentiers, prennent de M. d'Orgemont à faire et parfaire bien et convenablement tous les marchiez de charpenterie que devoit faire au chastel de Chantilly Nicaise Hénancart ».

Le 16 février 1393, « Jehan le Charpentier et Jehan Piel, charpentiers demourant à Roissy, confessent avoir pris de M. d'Orgemont à faire la charpenterie d'une galerie et de la maison qui est dessus les estuves à Chantilly pour le pris de 40 francs ».

Le 28 mai 1393, « Jehan le Charpentier et Jehan Piel, charpentiers, confessent avoir pris à faire de M. d'Orgemont la charpente du maçonnage qui est à Chantilly depuis la tour d'emprès le puis jusques à la tour des prisons, et la charpenterie de deux galeries estans au dit chastel, tout pour le pris de 110 francs ». La « tour d'emprès le puis » est la tour du milieu de la façade nord, vers Vineuil, dont le marché de maçonnerie avait été passé le 25 novembre 1389. La « tour des prisons » était une petite tour en encorbellement qui fermait l'angle aigu du château vers l'ouest : elle a été remplacée à la fin du XVIIe siècle par une tour de même forme et de mêmes dimensions que les autres.

On voit que la reconstruction du château, entreprise en 1386, n'a pas pu être terminée avant 1394. Ce travail de longue haleine implique une œuvre originale, une transformation complète de l'ancien état des lieux. L'absence de mentions pour ce qui concerne la façade du sud me paraît indiquer que la grosse tour du milieu était en bon état et fut conservée, ainsi que la chapelle, qui se trouvait derrière. L'emplacement de cette grosse tour, qui devait former le réduit de la forteresse des Bouteiller, est facile à déterminer : l'angle de la cour d'en bas où le petit château se relie au grand. La chapelle, alors isolée, occupait l'emplacement du grand escalier actuel.

C'est aussi Amaury d'Orgemont qui fit l'acquisition des seigneuries de Vineuil et de Saint-Firmin, ce qui augmenta ses prés de la vallée ; il prit à loyer le petit domaine des moines de Saint-Leu ; enfin il créa le premier parc en face de l'entrée du château : 25 mars 1398, « prinse à prix fait des murs du parc de Chantilly, faite par Jehan Quatrehommes, maçon ». Et ce parc, qui correspond à la partie boisée qui environne la Caboutière, fut aussitôt peuplé de gibier, car on y trouve des braconniers quelques années plus tard : nous connaissons en effet, à la date du 24 mars 1403, une « sentence du prévost de Paris pour messire Pierre d'Orgemont (fils d'Amaury) contre Jehan le Cordonnier, dit le jeune, Guillemin Faverot, Adenet Maubert, Jehan le Natier, Maudisson Remon et autres, chargés et accusés d'avoir rompu le parc dudit seigneur et d'y avoir pris plusieurs bestes comme daims, conins et autres ».

Bien que les abords du château aient été profondément modifiés au xviiᵉ siècle, on peut facilement reconstituer l'ancien état des lieux en supprimant par la pensée l'avant-cour actuelle pour rendre à l'étang de Sylvie toute son étendue. Cet étang était séparé du large fossé par la chaussée qui continuait la route de La Morlaye descendant de la chapelle Sainte-Croix. Cette chaussée aboutissait dans la « basse cour » de la forteresse, en face de l'île où se dresse le petit château et où il y avait déjà une maison avec jardin. La « basse cour », qui comprenait le rocher inégal régularisé au xviᵉ siècle en forme de belle terrasse, était elle-même entourée d'eau, car l'étang du val de Marchié (étang de Sylvie) communiquait avec un « nouvel étang » créé de l'autre côté du plateau et dont il reste un morceau sous le nom d'étang du Serrurier ; ce « nouvel étang » s'avançait jusqu'au fossé du château, dont il n'était séparé que par la chaussée donnant la sortie de la « basse cour » ; cette chaussée se continuait à travers la prairie par une route qui aboutissait dans la principale rue de Vineuil à l'endroit où se trouve la croix. Entre le rocher inégal et le bout de la route de Senlis-Avilly, un solide pont de bois, avec partie mobile, était jeté sur le fossé qui reliait les deux étangs. Un autre pont-levis, au-dessus d'une douve profonde, donnait l'accès de la forteresse.

Nous trouvons une description des environs du château dans l'aveu et dénombrement fourni en 1426 par Pierre III d'Orgemont : « Le chastel, la maison, la basse court de Chantilly ; le vivier du val de Marchié [étang de Sylvie depuis la chaussée] jusques au ru de la fontaine [de Sylvie], qui contient six arpens et demi ; le vivier derrière le chastel, contenant environ cinq arpens et demi [autour du château depuis la chaussée d'entrée jusqu'à la chaussée de sortie] ; environ cinq arpens que jardin que courtieulx assis emprès ledit vivier ; environ cinquante et six arpens que terres ahannables que friches en plusieurs pièces, assis devant la Muecte au val de Marchié [entre la vallée de Sylvie et les Six-Arbres ; ce val de Sylvie ou de Marchié est l'ancien val de Mathias, *Marchié* étant une corruption du latin *Matthie*] ; la rivière de Chantilly commençant au lé devers Senlis à l'endroit du courtil qui fu feu Oudard Gontier [au bas de Saint-Firmin, vers l'octogone] et deffinant au dessoubz du gué Saint Leup [en deça de l'île d'Amour] ; environ soixante et deux arpens de prez séans d'une part et d'aultre ladicte rivière entre la Chapelle-Saint-Fremin [village de Saint-Firmin] et le greil du vivier de Gouvieux [au bas de l'avenue du Bouteiller], avec sept quartiers assis entre les bois du val de Marchié ; et desquelx prez y a à présent en estang environ XVI arpens (6 hectares) au long du parc et devers la rivière, appelés l'estang neuf [ce vaste étang avait été évidemment créé en vue de la défense du château ; c'était plutôt une inondation de la prairie qu'un étang] ; à la grant Genevraye, XXIII arpens et demi ou environ, que boys plains que places que voyeries ; sept quartiers de boys dessus les prez au lez devers la rivière ; à la petite Genevraye, arpent et demi que boys que places ; au buisson Maugier, ung arpent de boys et

ung arpent de friche ; à la loge aux sergens, environ trois
quartiers et demi et trois arpens de boys » [tout cela est
aujourd'hui compris dans la partie boisée du parc du château].

*
* *

Lorsque, vers 1460, la vie renait dans nos campagnes, la
confusion est extrême. Laissées si longtemps en friche, les
terres sont devenues des buissons, des halliers ; c'est le
« savart », comme on dit alors. Les divisions des héritages ont
disparu, beaucoup n'ont plus de propriétaires. On fait appel au
souvenir des rares « anciens » qui ont survécu, et, là où ce
témoignage manque, les premiers arrivants ne se font pas faute
d'usurper. Aux environs de Chantilly, la situation était moins
embrouillée ; si les moines de Saint-Leu, trop pauvres pour
relever leur « grange », continuèrent de laisser leurs terres à
l'abandon, le seigneur de Quiquempoit n'eut pas de peine à
rétablir son petit domaine ; quant au reste du territoire, dont
les redevances n'avaient plus été payées faute d'occupants, il
se retrouva forcément dans la main du seigneur de Chantilly,
qui s'efforça d'en tirer parti et de remettre la terre en valeur.

Dans les archives de Chantilly, le premier acte de cette vie
nouvelle porte la date du 23 janvier 1475. Ce jour-là, « Jehan
Chastellain, demeurant à Gouvieux », prend de messire Pierre
d'Orgemont, à titre de droit cens portant rente foncière,
annuelle et perpétuelle, « une maison, cour, jardin, lieu et
pourpris qui souloit estre fermé de murs, à Quiquempoit lez
Chantilly, tenant d'une part à un vieux chemin qui mène de la
porte de la ferme de Quiquempoit au Gril, d'autre à la rivière,
aboutant d'un bout à la tour de Quiquempoit, et d'autre bout
au chemin du Gril » ; quatre arpents de pré en la prairie de
Chantilly, 60 arpents de terre au terroir de Quiquempoit, c'est-
à-dire environ 24 hectares. « Le preneur sera tenu de faire et
édifier trois espaces de grange sur ladicte place en dedans le
jour de Pasques prochain venant » (26 mars 1475). La redevance fixée est fort minime, 16 sols parisis seulement ; le
seigneur avait dû tenir compte de l'immense travail de recons-
titution qu'assumait Jean Châtelain.

Celui-ci demeura fixé à Quiquempoit. En 1491, un acte mentionne « Jehan Chastellain, dit Hutin, fermier de Quiquempoit ». En 1495, « Jehan Chastellain » est dit « maire et gàrde de la justice de Chantilly ». Le 1ᵉʳ février 1501, « Jehan Chastellain, laboureur à Quicquempoit », prend à cens de Guillaume de Montmorency, héritier de Pierre d'Orgemont, deux pièces de pré, l'une en la prairie de Chantilly, contenant six arpents, « tenant d'une part audit seigneur bailleur, d'autre audit preneur, d'un bout à la rivière, d'autre bout aux hoirs de feu Jehan Allart de Vineuil » ; l'autre pièce « séant près du Gril, contenant un arpent et demi, tenant d'une part et d'autre aux terres dudit preneur, aboutant d'un bout aux marais de Gouvieux, et d'autre bout au chemin par où l'on va de Quicquempoit à Gouvieux ».

Un document conservé dans les archives du Musée Condé nous montre Jean Châtelain dans l'exercice de ses fonctions de juge-maire de la seigneurie de Chantilly. Unique en son genre, nous n'hésitons pas à le transcrire presque en entier, quoiqu'il soit bien long ; il est de la main de Nicolas d'Orgemont, « clerc commis quant ad ce », sans doute un cousin éloigné, un parent pauvre, de Pierre III d'Orgemont, seigneur de Chantilly [1] :

« Informacion faicte à Chantilli par nous Jehan Chastellain, maire de la justice et seignourie dud. Chantilli pour noble et puissant seigneur messire Pierre d'Orgemont, chevalier, seigneur de Montjay et dud. Chantilli, sur ce qu'il est venu en congnoissance que dimenche dernier passé, environ unne heure devant souleil couchant, un nommé Anthoine Duquesnoy, enffant mineur d'ans, aaigé de cinq ans ou environ, filz de Jehan Duquesnoy, mennouvryer demeurant à Vineil, estoit en la maison d'un nommé Jacob de Roupy, demeurant aud. lieu, où illec led. enffant chantoit une chanson. Et incontinent vint aud. enffant Jehanne Allard, femme de Jehan Charpentier, demeurant aud. Vineil, laquelle print led. enffant, et de ses

---

mains luy donna très bien sur les fesses, et à poing clos sur la teste de grans coups. Et incontinant un nommé Mymin Roupy alla en la maison de Jehàn Duquesnoy, père dud. enffant, lequel luy mena led. enffant en luy disant que Jehanne Allard l'avoit très bien bastu. Et à celle heure se partit led. Jehan Duquesnoy pour aller en la maison de Jehan Chastellain, maire de la justice dud. Chantilli, pour soy plaindre et pour avoir raison et justice de la basture que l'on avoit faicte à sond. enffant; où il ne trouva pas led. Jehan Chastellain. Et en soy retournant en son hostel, qui estoit hors heure et jour failly, trouva Jehan Charpentier, mary de Jehanne Allard, lequel demanda aud. Jehan Duquesnoy s'il se venoit de plaindre au maire; et led. Duquesnoy luy répondit que oy. Et incontinant led. Jehan, saisy d'un baston qu'il tenoit, luy donne de grans coups sur les bras, sur la teste et sur les cuisses. Et pour en savoir et enquérir la vérité, avons oy et examinez les tesmoings cy après nommez, et leurs ditz et depposicions avons fait mectre et rédiger par escript par Nicholas d'Orgemont, clerc commis quand ad ce, le lundi deux^e jour de frevier IIII^c IIII^{xx} et trois [2 février 1484, n. st.].

« Et premièrement, Jehan Duquesnoy, mennouvryer demeurant à Vineil, aaigié de XL ans ou environ, après le serment par luy sollempnellement fait, dit et dépose que dimenche premier jour de frevier, environ six heures du soir, il alla à Quiquenpoit près dud. Vineil pour soy plaindre au maire et pour avoir raison et justice de la basture qu'avoit faicte Jehanne Allard, femme de Jehan Charpentier, à Anthoine, filz dud. déposant, aaigié de cinq ans ou environ; lequel ne trouva pas led. maire en son hostel. Et en soy retournant dud. Quiquempoit pour aller en sa maison, qui estoit jour failly, trouva en son chemin Jehan Charpentier, auquel il demanda : *Qui est là ?* Et led. Charpentier lui répondit: *Se suis-je*, en luy demandant s'il se venoit de plaindre au maire de la basture que sa femme avoit fait à son filz ; auquel dist, luy qui parle, qu'il n'avoit point trouvé led. maire en son hostel, et que s'avoit esté grant oultrage à sa femme d'avoir ainsi bastu et mutillé son enffant; auquel répondit led. Charpentier qu'elle le povoit bien faire et que c'estoit son filleul. Et en disant ces parolles

donna aud. Duquesnoy trois ou quatre grans coups de baston
sur les bras, sur les jambes et sur les cuisses, tellement qu'il
tunba à terre. Et depuis qu'il fust tunbé à terre, print le baston
dud. Charpentier d'une main et tiroit contre luy pour luy oster;
et led. Jehan luy dist qu'il le laissast aller et qu'il ne luy feroit
plus riens. Et incontinant luy qui parle le lascha, et incontinant
qu'il eust lasché luy donna encores trois ou quatre coups dud.
baston sur les bras et sur les jambes.

« Interrogié s'il se deffendit point contre led. Charpentier et
s'il avoit point de baston, dit luy qui parle qu'il avoit un petit
baston, mais oncques ne s'en deffendit.

« Interrogié s'il y avoit personne qui les sceust veoir ne qui
en sceust à parler, dit que non, pour ce qu'il estoit nuyt et
hors heure; soy faisant partie contre led. Charpentier et requérant avoir justice; et autre chose ne scet.

« Denisot David, bargier demeurant à Vineil, aaigié de xxxii
ans ou environ....., estoit en la maison de Jacob de Roupy, où
en la court il vit un enffant nommé Anthoine Duquesnoy qui
chantoit une chanson... Jehanne Allard vint à luy et luy donna
plusieurs grans coups sur les joues et sur les fesses, et de
rechief le reprint et lui donna plusieurs coups de poing, tellement qu'il fallut que Marguet Roupy et Jacob de Roupy le
recouyssent hors de ses mains, ou aultrement elle l'eust affollé.

« Jacob de Roupy, mennouvryer demeurant à Vineil, aaigié
de l ans ou environ,... estoit en sa maison où illec en la court
y avoit deux enffans qui se jouoyent l'un à l'autre, dont l'un
estoit aaigié de cinq ans ou environ, nommé Anthoine Duquesnoy, et l'autre Mymin de Roupy, aaigié de xiii ans ou environ,
lequel Mymin dist aud. Anthoine qu'il chantast et qu'il luy
donneroit unne épingle; et incontinent led. Anthoine com-
mença à chanter un dit : *Baboulle, Baboulle*. Et ainsi comme il
chantoit, vint à luy Jehanne Allard, femme de Jehan Charpentier, laquelle estoit dedans la maison dud. déposant, et de
ses mains donna plusieurs grans coups sur la teste, sur les
fesses dud. enffant, et de coups de poing sur son corps, tellement qu'il tomba à terre aux piedz dud. déposant; et n'eust
esté luy qui parle et Marguet sa fille, qui le recouyrent, elle
l'eust affollé.

« Charlot de Wigures, marchant demeurant au Gril, aaigié
de quarante ans ou environ, ... revenoit de la Chaussée de Gou-
vielx ; en cheminant à l'endroit des fontaines de l'estang de Gou-
vielx, il oyt grant cry d'une personne qui cryoit *au meurdre, au
meurdre,* et puis cessa un peu ; et incontinent après recommença derechief à cryer plus fort que devant en disant par
plusieurs fois : *Hélas, je suis mort ;* et tellement que luy qui
parle ot grant paour que se ne fust en sa maison pour ce que
c'estoit près d'illec ; et se hasta de cheminer pour venir en sond.
hostel pour savoir qui c'estoit ; et quant il vint près de sond.
hostel, il n'oyt plus riens, et demanda à sa femme et à ses gens
s'ilz n'avoient riens veu ne oy de lad. noise, lesquelz luy répon-
dirent que nenni.

« Le jourdhuy lundi deux^e jour de frevier IIII^c IIII^{xx} et trois,
nous Jehan Chastellain, maire de la justice de Chantilli pour
Monsr. dud. lieu, avons fait prendre et constituer prisonnier
Jehan Charpentier, mennouvryer demeurant à Vineil, à la
requeste de Jehan Duquesnoy .....

« Le mardi troiziesme jour de frevier IIII_c IIII^{xx} et trois,
feismes venir par devant nous Jehan Charpentier, aaigié de
xxiiii ans ou environ, prisonnier es prison de Chantilli pour
certain cas par luy commis comme il est venu en notre congnoissance, pour avoir bastu et mutillé Jehan Duquesnoy de nuyt et
à heure indeue, de froit sang et propos délibéré. Après le serment
par luy sollempnellement fait, dit et affirme que depuis trois
ans en çà il a tousjours demouré à Vineil en gaignant sa vie à
mennouvrer ; et dit oultre que dimenche dernier, luy estant en
la maison de Jehan Allard, son beau-père, et avec luy Raullet
Haunart, demeurant à Boissy près Saint-Leu, lequel Raullet a
fiancé une des filles dud. Jehan Allard et l'estoit venu voir sed.
jour ; et quand ilz eurent esté longuement en la maison dud.
Jehan Allard, et led. Jehan Allard avec eulx, luy qui parle et
led. Raullet se partirent de lad. maison environ souleil
couchant. Et quant ilz furent emmy la rue, ilz vyrent Anthoi-
necte, femme de Jehan Duquesnoy, qui cryoit et se débatoit en
disant que Jehanne, femme dud. déposant, avoit bastu son filz.
Luy qui parle laissa led. Raullet et s'en alla en la maison de
Jacob de Roupy, son voisin, auquel il demanda quel débat

s'avoit esté ; et led. Jacob luy respondit que Jehanne avoit bastu le filz de Jehan Duquesnoy. De la **maison** dud. Jacob il s'en alla en la sienne, où il trouva lad. Jehanne sa femme et luy demanda pourquoy elle avoit bastu led. enffant, laquelle luy répondit qu'elle l'avoit bastu pour ce qu'il se moquoit d'elle en chantant une chansson, et que led. enffant estoit son filleul et qu'il n'y avoit point de denger. De là il s'en alla en la maison de son beau-père, où il retrouva led. Raullet, lequel luy dist que Jehan Duquesnoy c'estoit allé plaindre de la basture de son enfant et que se led. Duquesnoy avoit à lui à faire il le basteroit, et que s'il le voulloit croire il le basteroit très bien. Dit luy qui parle que, ses parolles dictes par led. Raullet, il entra en la court dudit Jehan Allard, auquel lieu il trouva une gaulle et en couppa le gros bout, d'environ trois pieds et demi de long ; et de propos délibéré, se baston en sa main, se part et s'en va le chemin dud. Vineil à Quiquenpoit au travers des prez, le long du fossé Drouart ; et là actendit Jehan Duquesnoy, qui c'estoit allez plaindre au maire. Et quant Duquesnoy vint près de luy, il luy demanda : *Qui est là*, et luy qui parle dist : *Se suis-je ; d'où viens-tu ? tu te viens de plaindre ?* Et led. Duquesnoy luy répondit qu'il n'avoit point trouvé le maire. Et dit luy qui parle que sans plus mot dire luy frappa dud. baston qu'il tenoit sur le bras deux ou trois coups ; et led. Duquesnoy s'en cuida fouir ; et luy qui parle courut après luy et le bouta jus à terre, et le recommença à bastre dud. baston plusieurs coups sur les jambes et sur les cuisses ; et ce fait le laissa là, et s'en alla en la maison dudit Jehan Allard, son beau-père, où il trouva led. Raullet, auquel il dist qu'il avoit bastu led. Jehan Duquesnoy ; et led. Raullet luy répondit qu'il avoit bien fait. Et luy qui parle et led. Raullet souppèrent ensemble sur led. Jehan Allard, et après soupper luy qui parle dit que led. Raullet le convoya jusques emmy la rue, lequel luy dit qu'il ne l'avoit pas assez bastu, et luy qui parle luy répondit que si avoit.

« Interrogé s'il n'y avoit quelque hayne ne débat de piéça entre luy et led. Duquesnoy, dit que non et que jamais n'avoient eu noise ne débat ensemble ; mais dit que tantost après ce qu'il eut bastu, il s'en repentit et en fut marry, soy soubzmestant en nostre miséricorde et requérant briefve expédicion de sa personne ».

Jean Duquesnoy retira ensuite sa plainte : « Déclare qu'il n'entant faire aucune action ne poursuite pour raison de ce à l'encontre dudit deffendeur, et que de luy se tient bien contant. Avons appoincté et appoinctons qu'il sera absoult en tant qui touche le fait de partie ».

Puis le procureur de M. d'Orgemont réclama une condamnation, ainsi que des poursuites contre Raullet Haunart : « Que led. Charpentier soit condempné en amende..., et que il fist amende honnorable, c'est assavoir que à jour de plaiz vint, une torche au poing et nue teste, recognoissant le cas et cryer mercy à justice; et avec ce soit condempné es despens, dommaiges et intérestz ».

Le jugement ne fut rendu qu'un mois plus tard; en voici la teneur :

« Veu le procès d'entre le procureur de Mons', demandeur, d'une part, à l'encontre de Jehan Charpentier, deffendeur, d'autre part, et prisonnier de céans, les requestes et conclusions dudit demandeur...; les deffences au contraire dud. deffendeur, par lesquelles il disoit que se aucunement il avoit bastu led. Duquesnoy se n'avoit point esté en contempnant justice, mais seulement maulvais conseil; veu les charges et informacions, ensemble la déposicion dud. deffendeur, et avecques ce la déclaracion dudit Jehan Duquesnoy, par laquelle il déc'ère qu'il ne se fait aucunement partie à l'encontre dud. deffendeur, et que se aucunement il c'estoit fait partie il s'en déporte et se tient bien contant de luy; et le tout veu, et eu sur ce conseil et délibéracion aux saiges, nous avons condempné et condempnons led. Jehan Charpentier à soixante solz par. d'amende pour raison d'avoir bastu et mutillé led. Jehan Duquesnoy de propos délibéré, de nuyt, à heure indeue, et de fait d'aguet, plus à plain déclaré aud. procès, et oultre avons condempné et condempnons led. Charpentier aux despens, le taux à nous réservé. En tant que touche Raullet Haunart, il sera adjourné à comparoir en personne par devant nous pour répondre aux requestes et conclusions et charges faictes à l'encontre de luy par nostre sentence et à droit. Faict le mercredi IIII⁰ jour de mars mil IIII⁰ IIII×× et trois [4 mars 1484, n. st.]. Prononcé en jugement aud. Chantilly en la présence de partie, l'an et jour dessus dits. N. d'Orgemont ».

**

En 1495, Jean Châtelain est encore « maire et garde de la justice de Chantilly »; en 1498, il est remplacé par Jean Morel, « licencié en lois, bailli et garde de la justice de Chantilly ». C'est sans doute le fils de Châtelain qui est désigné dans l'acte suivant : le 13 septembre 1505, Pierre Châtelain prit de Guillaume de Montmorency, à titre de cens et rente, « un jardin qui souloit estre fermé de murs, séant à Quiquempoit, devant la porte dudit lieu, contenant cinq arpens ou environ, tenant d'une part au chemin qui mène de Quiquempoit aux champs, d'autre audit preneur, aboutant d'un bout à la rue qui mène de ladite porte au Gril; une pièce de terre séant au dessus dudit clos [sur la Pelouse], tenant d'une part au chemin qui mène dudit Quiquempoit aux champs, aboutant d'un bout audit clos, d'autre bout au chemin qui mène de Senlis à Gouvieux ». La redevance annuelle et perpétuelle est fixée à 4 sols parisis de cens, deux chapons de charge foncière et 12 sols parisis de rente.

C'est donc 13 arpents à ajouter aux 64 que Jean Châtelain avait pris à cens en 1475; ce n'était qu'une partie du terroir de Quiquempoit, dont une importante portion restait en friche à l'ouest, dans la direction de Gouvieux. Le seigneur de Chantilly trouva preneur en 1491; en effet, le 27 avril de cette année, « Jehan Nivart, laboureur demeurant à Gouvieux », prend de M. d'Orgemont, moyennant une redevance annuelle de 4 sols parisis de droit cens et 16 sols parisis de surcens ou rente, « une pièce de terre en friez et savart, contenant 60 arpens, assise entre Chantilly et Gouvieux, près de la gorge Jehan le Mire, tenant d'une part à Jehan Chastellain, dit Hutin, fermier de Quiquempoit, d'autre part au seigneur bailleur, d'un bout sur le marais du vivier de Gouvieux, d'autre bout au chemin de Senlis à Gouvieux ».

Cinq ans plus tard, le lieu que nous appelons les Aigles reçut son nom. Le 30 juillet 1496, Colin Laigle ou l'Aigle, laboureur à Gouvieux, prend de Guillaume de Montmorency, moyennant 6 sols 8 deniers parisis de cens, une pièce de terre de 20 arpents, « partie en labour, partie en savart et friez, au terroir de Chantilly, au dessus de la gorge Jean le Mire, tenant d'une part au seigneur bailleur, d'autre à Pierre Delaunay, d'un bout au seigneur bailleur, et d'autre bout au grand chemin de Gouvieux à Senlis, ... sur laquelle pièce ledit preneur fera édifier une maison ».

Ces aliénations sont mentionnées dans une « Déclaration de la seigneurie de Chantilly » rédigée en 1503 :

« Et pareillement est remis et uny en nostre table ung fief séant à Quiquempoit et au terrouer d'environ, ainsy qu'il se comporte, qui fut anciennement à Jehan le Charon, auquel souloit avoir ung hostel seignourial [l'hôtel de Jean Maquille], lequel hostel, avec 60 arpens de terre et deux arpens de pré, ont esté baillez à Jehan Chastellain parmi iiii l. x s. ;

« Item plus a esté baillé à Jehan Nyvart, demourant à Gouvieux, autres 60 arpens de terre dud. fief, parmy xx s. p. ;

« Item plus a esté baillé à Colin Laigle xx arpens de terre dud. fief, parmi vi s. viii d. p. ;

« Et le surplus est demouré en nostre main à cause que ce ne sont que bruières et que nulz ne les veullent prendre pour mettre en labour ».

La même Déclaration de 1503 mentionne « la plaine devant le chastel dudit Chantilly, entre ledict chastel et la forest, contenant environ soixante et dix arpens, dont partie d'icelle est en friez et l'autre en labours, et ne sont que sabelons qui sont de petite valeur ». Ce chiffre est en notable augmentation sur celui de 1426 ; c'est l'appoint apporté par le petit domaine des moines de Saint-Leu au domaine sans cesse grandissant du seigneur de Chantilly. Depuis longtemps la ferme de Saint-Leu était ruinée, les terres abandonnées ; ce triste état subsista pendant tout le xv⁰ siècle, un document de 1494 en fait foi : c'est l'acte par lequel les religieux vendent leur bien à Guillaume de Montmorency, seigneur de Chantilly ; la pièce est curieuse. Le prieur, David Chambellan, commence par rappeler que son église possède « une grande masure, lieu et pourprins jadis fermez de murs, où il y avoit maison, grange, estable et autres édifices, appelez vulgairement la Tour Saint-Leu, aliàs Bucamp, séant près du chasteau de Chantilly ». Le couvent possédait en outre des droits, prés, bois, etc. Tout cela est demeuré longtemps vacant et sans possesseur, « à cause des guerres et divisions qui ont eu cours en ce royaulme, mesmement audit lieu de Chantilly ». Le lieu est en ruines ; personne n'a jamais voulu y habiter, tant à cause des grandes réparations qu'il y faudrait faire que par la crainte des gens de guerre qui ont toujours occupé Chantilly. Le couvent n'en tire nul profit ni revenu ; en outre, une grande partie du domaine est aux mains d'usurpateurs dont il est impossible de confondre les prétentions, car les Anglais ont brûlé le prieuré de Saint-Leu en 1436 et tous les titres ont été la proie des flammes. Les moines ne peuvent prouver leur droit que sur les ruines de la maison : « plusieurs vieilles et anciennes murailles abattues », disent les experts ; nul édifice debout, sinon une vieille cheminée et une vis de pierre de taille, dont partie est démolie ; la chapelle, abattue, est pleine d'arbres et de buissons ; enfin, « au lieu où estoient les granges, les édifices, cour et maison dudit hostel, y a à présent grans arbres, buissons et halliers ». Et cette situation déplorable décide les religieux à vendre ces lieux désolés à Guillaume de Montmorency. Celui-ci les réunit à son domaine, construisit une ferme sur les ruines de Bucamp, mit les terres en culture, une quarantaine d'arpents, et ne laissa en friche que « la plaine devant le chastel ».

⁂

Celui qui rédigea pour le seigneur de Chantilly la Déclaration de 1503 fut trompé par sa mémoire quand, après avoir mentionné les aliénations consenties à Jean Châtelain, Jean Nivart et Colin Laigle, il ajouta : « Et le surplus est demeuré en nostre main à cause que ce ne sont que bruières et que nulz ne les veulent prendre pour mettre en labour ». Deux ans plus tôt, Guillaume de Montmorency avait réussi à placer une douzaine d'hectares : le 1ᵉʳ février 1501, « Jehan Burillon, laboureur demeurant à Quiquempoit », avait pris « une pièce de terre de trente arpens au terrouer de Chantilly, lieu dit la Corne de Gouvieux, tenant d'une part au chemin de Chantilly à Luzarches, d'autre à Colin Laigle, ladite pièce estant pour lors en bois et buissons », moyennant 4 s. p. de cens et 16 s. p. et une poule de rente.

Saluons ce nom de Burillon, que l'usage a transformé en Bourillon. La famille Burillon tint, pendant un siècle et demi, la première place à Quiquempoit, où elle occupait le manoir seigneurial ; et elle a donné son nom au bois situé entre la gare et la Pelouse, de même que Colin Laigle et ses successeurs — les Aigles, comme on disait alors — ont laissé leur nom aux lieux qu'ils ont défrichés, mis en culture, et à la route qui fut créée plus tard dans cette direction.

Nous avons vu qu'en 1426 le fief principal de Quiquempoit, comprenant le manoir seigneurial avec tour carrée, appartenait à Louis de Précy. Celui-ci, qui n'eut pas d'héritier direct, fit donation de ses biens, le 7 juillet 1451, à son cousin Gilles de Rouvroy de Saint-Simon, seigneur de Rasse, auquel succéda son fils Guillaume. Le 1er mars 1497, un arrêt du Parlement condamna Guillaume à bailler à M. de Chantilly « un adveu ou dénombrement de sa terre et seigneurie de Quiquempoit, et, ce fait, joira plainement de son fief et de tout le contenu audit aveu ». A cette époque, Guillaume de Saint-Simon avait déjà délaissé le manoir, les terres et les prés, à titre de cens et rente, à Jean Burillon, que nous y trouvons installé en 1501.

La Déclaration de 1503 mentionne « ung fief assiz à Qui-quempoit, contenant la tour carrée dudit Quiquempoit, avec un clos de terre fermé de murs contenant huit arpens ». En 1531, « le chef-lieu du fief de Quiquempoit » est occupé par Jean Legrand, marié à Michelle Burillon. Enfin, le mardi 14 avril 1534, Louis de Saint-Simon, seigneur de Rasse et du Plessis-Choisel [Chamant], et Antoinette de Mailly, sa femme, demeurant à Senlis, vendent à messire Anne de Montmorency « un fief et noble tenement situé près le chastel de Chantilly, appellé le fief de Quiquempoit, avec ses appartenances et appendances, tenu en plein fief de Chantilly, lequel fief se consiste en une maison, terres, prez, lieux et pourpris, que les vendeurs ont dit estre baillez à tousjours, à la charge de six

livres tournois tant cens que rentes, à Jean Burillon ou à ses
hoirs ». Les héritiers de Jean Burillon demeurèrent confirmés
dans leur propriété à titre de cens et rente, et l'occupèrent
jusqu'à ce qu'elle disparût, au XVIIe siècle, dans les jardins
créés par Le Nôtre.

Nous pouvons apporter dès maintenant un peu de précision
dans la topographie de Quiquempoit. L'hôtel seigneurial du
fief principal doit se placer au-dessous et à l'est de la maison
de Mme Chapard, au bord de son jardin potager; la chapelle
Saint-Germain était à côté. Entre la maison et la route actuelle
de Vineuil, la terre appartenait aux Burillon. A l'ouest de la
propriété Burillon s'étendait la propriété des Châtelain, dont
la ferme — l'ancien manoir de Jean Maquille — est partiellement remplacée par la maison de M. Legendre.

A cheval sur la rivière, en face du point d'aboutissement de
l'avenue du Bouteiller, se dressait la maison du Gril de l'étang
de Gouvieux. Nous la voyons occupée en 1395 par Jean de
Foucancourt, en 1475 par Jean Lemonnier, en 1484 par Charlot
de Wigures, en 1516 par Thomas Lenoble. Cette maison
n'appartenait pas au fief de Quiquempoit et, par consé-
quent, n'était pas dans la mouvance du château de Chantilly;
elle faisait partie de la seigneurie de la Chaussée de Gouvieux,
indépendante elle-même de la seigneurie de Gouvieux. Cette
seigneurie de la Chaussée avait été vendue au roi Charles V,
le 10 janvier 1375, par Charles de La Rivière, comte de Dammartin. Charles VII l'avait affermée aux religieux de Saint-
Denis, seigneurs de Gouvieux, le 27 mars 1453, et ce bail avait
été transformé en pur don par Louis XI au mois d'août suivant.
Mais l'édit de 1483 ordonna la reprise de tous les biens de la
Couronne qui avaient été aliénés depuis la mort de Charles VII,
et, la même année, Charles VIII donna la jouissance de la
Chaussée et de l'étang de Gouvieux, en même temps que de la
châtellenie de Creil, au duc et à la duchesse de Bourbon.
Après la mort de la duchesse de Bourbon, Anne de France,
cette jouissance fut attribuée à Louise de Savoie, mère de
François Ier. Enfin, le 12 janvier 1535, le roi en fit don au sei-

gneur de Chantilly, Anne de Montmorency, pour une durée de neuf ans, sans compter les trois années qui restaient à courir du bail précédent. Quand ces douze années furent écoulées, Montmorency avait perdu la faveur du roi, et celui-ci attribua la jouissance de la Chaussée et de l'étang à sa sœur Marguerite, reine de Navarre.

L'avènement de Henri II rendit au connétable la faveur royale, et, bientôt après (12 juin 1550), la jouissance du domaine tant convoité ; elle lui fut successivement prorogée jusqu'à ce que, le 15 février 1573, Charles IX cédât à la veuve et au fils du connétable la Chaussée et l'étang de Gouvieux en échange de la terre du Mesnil-Paviot, en Normandie. La maison royale de la Chaussée, avec le précieux droit de travers [1], et la maison du Gril, appartinrent dès lors en toute propriété au seigneur de Chantilly. La partie supérieure de l'étang, depuis le bout de la Canardière jusqu'au Gril, était devenue dès longtemps une prairie marécageuse où les habitants de Gouvieux avaient le droit de faire paître leurs bestiaux. Ce droit leur fut racheté par le Grand Condé. L'étang lui-même cessa d'exister dans la nuit du 23 au 24 février 1658 : la chaussée creva sur une longueur de 40 à 50 toises, et une notable partie des bâtiments qui la couvraient fut emportée par les eaux. La chaussée fut réparée, mais l'étang ne fut pas rétabli.

En fait, la maison du Gril appartenait au hameau de Quiquempoit. En 1516, le concierge du Gril est Thomas Lenoble ; en cette année même, il quitta son emploi pour se faire cultivateur. Le 16 février 1516, il prit, à titre de cens foncier annuel et perpétuel (8 deniers parisis par arpent), de Guillaume de Montmorency, seigneur de Chantilly, « une pièce de terre, dont partie en labour, contenant 15 arpens et demi, assise au terroir de Quiquempoit, tenant d'une part aux religieux de Saint-Denis (seigneurs de Gouvieux), d'autre à Waleran Guerlain, d'un bout aux marais de Gouvieux, d'autre bout au chemin qui mène de Senlis à Gouvieux ».

---

[1] Droit perçu sur toutes les marchandises qui traversaient la Chaussée, où passait alors la grande route de Picardie (Paris à Creil et Amiens).

Le même jour, ce Waleran Guerlain, laboureur à Gouvieux, prenait aussi, aux mêmes conditions, une pièce de terre de 22 arpents, « assise au terroir de Quiquempoit, au lieu dit les Grandes Fontaines, tenant d'une part à Thomas Lenoble, d'autre part à Étienne Sauvage, d'un bout aux marais de Gouvieux, d'autre bout au chemin qui mène de Senlis à Gouvieux ». Cette concession comprenait une carrière. Lenoble et Guerlain s'obligeaient à cultiver les terres, et surtout à bâtir chacun une maison dans l'espace de deux ans, la carrière concédée à Guerlain devant fournir la pierre.

Il me paraît certain que ces deux maisons furent édifiées aux Grandes Fontaines, c'est-à-dire au bas de la rue actuelle des Fontaines. Étienne Sauvage, dont le nom vient d'être cité pour la première fois, avait succédé à Jean Nivart, qui, en 1491, avait pris « une pièce de 60 arpens entre Chantilly et Gouvieux, près de la gorge Jean le Mire, tenant à Jehan Chastellain, fermier de Quiquempoit ». Je crois pouvoir identifier la gorge Jean le Mire avec la trouée de la route de Creil, et placer la maison Nivart-Sauvage sur le côté oriental de la rue de la Machine : ce lieu fut plus tard désigné sous le nom de Normandie.

*
* *

J'ai autrefois [1] décrit les embellissements apportés par Anne de Montmorency à son château de Chantilly de 1527 à 1532, les travaux énormes exécutés par un habile architecte, Pierre Chambiges ; la forteresse féodale, dont les tours et l'enceinte furent conservées, devint une belle et gaie maison de plaisance, richement ornée, luxueusement meublée ; les bâtiments de la cour basse furent reconstruits, ceux de Bucamp reçurent un notable développement pour abriter le « ménage » : chevaux, moutons, vaches et veaux, animaux de basse-cour, grange à fourrages, greniers à blé ; bûchers et chantiers remplacèrent la vieille grange au bord de la route de La Morlaye, entre la chapelle Sainte-Croix et l'étang ; les sept chapelles furent

---

[1] *Les Architectes de Chantilly au XVI° siècle ;* Senlis, Dufresne, 1900

édifiées [1] ; les jardins furent embellis et fermés à l'ouest par la galerie des Cerfs et le pavillon des Étuves ; enfin le parc fut considérablement agrandi : englobant les chantiers, les bûchers, l'étang de Sylvie, il comprenait toute la partie boisée du parc actuel jusqu'à hauteur de l'Octogone, laissant en dehors les moulins qui occupaient alors le milieu de cette vaste pièce d'eau ; le mur de clôture montait ensuite jusqu'à la route de Saint-Firmin, qu'il suivait vers Vineuil, où il rencontrait (près de la maison Saint-Pierre) la chaussée de Vineuil au château, qui fermait le parc de ce côté. Dans les prés de Saint-Firmin acquis par le connétable en vue de l'agrandissement du parc, une grange fut construite pour recevoir la récolte des foins. En dehors du parc et au-dessous des jardins, fut édifiée une héronnière, assise sur la rivière (au bord de l'île d'Amour) ; on élevait les hérons pour servir de proie aux faucons et autres oiseaux de vol. L'emplacement du Jeu-de-Paume et des maisons voisines fut consacré à la vigne. Le rocher inégal qui se trouvait devant le château fut régularisé, encadré de murailles, et devint la terrasse du Connétable (1538).

Enfin, pour compléter cette transformation du Chantilly des d'Orgemont, Anne de Montmorency fit édifier la grande maison de Beauvais, ainsi nommée parce que ce fut la première construite sur cette pointe extrême du diocèse de Beauvais. Nous avons les « titres de trois arpens de terre sur lesquels est à présent construit l'hostel dict de Beauvais, avec les verger et jardin y appendant » (inventaire de 1634). Ces trois arpents faisaient partie du fief principal de Quiquempoit et appartenaient aux Burillon ; ils furent vendus au connétable, le 18 juin et le 1er juillet 1539, par Pierre Chapelle, dit Passetemps, et Michelle Burillon, sa femme, Pierre Burillon et sa femme Jeanne Guerlain, Isabeau Destampes, veuve de Robert Burillon, agissant au nom de ses enfants mineurs, Jean et Jeanne [2] : « Une pièce

---

[1] *Historique des édifices du culte à Chantilly* : Senlis, Dufresne, 1902, p. 13-15. — La chapelle du château au xvi⁰ siècle, que nous montrent les gravures de Ducerceau, ne doit pas être comprise dans l'œuvre de Pierre Chambiges ; elle avait été reconstruite en 1507 par les soins de Guillaume de Montmorency.

[2] En 1551, Jeanne Burillon est la femme de Philippe Lesage, foulon de

tant terre que pré située au terroir de Quiquempoit, tenant d'une part au parc de la Héronnière, d'autre aux vendeurs, d'un bout à la rivière, et d'autre bout au seigneur connétable ».

L'hôtel de Beauvais a eu la bonne fortune de ne subir aucune modification notable au cours des siècles. La maison n° 12 de la rue du Connétable, en face de l'église, peut donc être considérée comme la plus ancienne maison de la ville de Chantilly. L'architecte n'en fut certainement pas Pierre Chambiges, qui n'était plus, à cette date de 1539, employé par le connétable ; on peut penser à un « maître maçon » de Senlis nommé Jean Choquet, avec lequel le connétable avait, l'année précédente (21 mai 1538), passé marché « pour la conduite de la construction de la terrasse entre le château et le parc ». Il y a aussi ce maçon anonyme que le connétable réclame à son frère La Rochepot le 7 juillet 1538 et qui pourrait bien être Jean Bullant : « Je vous prie me renvoier chez moy le masson maistre des œuvres de Picardye, affin qu'il entende à parachever ce que j'ay affaire chez moy, qui demeure pour son absence, qui m'est merveilleusement grant desplaisir [1] ». Le « logis de Beauvais » fut affecté d'abord au service des chasses et des forêts. Je trouve logé à Beauvais, en 1589, le gruyer ou chef du service forestier, Michel Courtois.

Vers 1520, le terroir de Chantilly-Quiquempoit est donc entièrement cultivé. Trente ans plus tard, le jeu naturel des successions a déjà produit des divisions d'héritages, des aliénations, des échanges. Le nombre des maisons augmente avec celui des habitants. Nous avons des données précises en 1579, date où il fut procédé pour la première fois au récolement des maisons et des terres chargées de cens et rentes. En commençant par l'ouest, nous trouvons d'abord les Aigles.

---

draps demeurant à la loge de Viarmes (Reine-Blanche). Son frère était mort sans avoir été marié.

[1] Lettre conservée à la Bibliothèque Nationale, citée dans *les Architectes de Chantilly au XVI° siècle*. — M. de La Rochepot, frère du connétable, surveillait alors la fortification des places de la frontière du nord.

Le 9 décembre 1569, Geneviève de Cernoix, veuve de Pierre Thourée, demeurant à « Quinquempoix » (voici établie la dernière orthographe de ce nom), achète de Marcellin Lemaire et de Marguerite Guérin, sa femme, demeurant aux *Bruyères*, « une pièce de terre sablon contenant trois quartiers, assise près le *bois Burillon* ». Devenue veuve, Marguerite Guérin épouse Jean Philippot, vigneron à Gouvieux; en 1579, ils déclarent posséder une maison aux *Bruyères les Aigles*. A la même date, François Gueulle, laboureur demeurant aux *Bruyères*, déclare une maison audit lieu, et des terres dans le voisinage. Nous rencontrons aussi la veuve et les hoirs de Pierre Laigle, qui mourut après 1551. En 1580, Adam Lemoine demeure à *Laigle* et possède 4 arpents de terre près du *bois Bourillon*, tenant aux hoirs de Pierre Burillon et à Mathias de Blainville. Pasquier Guérin déclare « une maison assise à *Laigle*, tenant d'une part à François Gueulle, d'autre au *carrefour dudit lieu*, d'un bout audit carrefour, d'autre à Jean Barbier ».

Ce Jean Barbier est l'héritier du Thomas Lenoble de 1516. En 1580, il déclare posséder les 15 arpents et demi acensés à son aïeul maternel et une maison aux *Grandes Fontaines*, tenant d'une part à Pasquier Guérin, d'autre aux marais, d'un bout à Jacques Truyart, et d'autre aux marais. Pasquier Guérin a aussi « un espace de maison en grange et chantier, avec la moitié d'un quartier de jardin, assis au lieu dit la *Grand Fontaine* (bas de la rue des Fontaines), tenant d'un côté à Jehan Lenoble, d'autre à Jehan Lecouvreur ».

Jean Lecouvreur avait acquis des héritiers de Waleran Guerlain, le 13 janvier 1557, les 22 arpents de terre qu'il avait pris à cens en 1516 et la maison qu'il avait édifiée. Il déclare en 1579 que pour cette maison « il est tenu en procès à Senlis par Jehan Broulart, curateur à la succession vacante de feu Jacques Truyart ». Celui-ci, alors marchand à Senlis, avait acquis, le 27 juin 1551, de Nicolas Watelet, menuisier à Saint-Firmin, « une maison, cour, granges, étables, jardin, terre derrière, séans aux *Grans Fontaines*... », avec plusieurs pièces de terre. Cette maison attenait à celle de Jean Lecouvreur. En 1580, Jean Broulart fit une déclaration des héritages Truyart-Lecouvreur : « Deux maisons manables, cour, grange, étables, carrières servant d'autres étables, le tout enclos et fermé de murailles, contenant un arpent et demi, assis aux *Fontaines*, tenant d'une part aux terres de la maison, d'autre aux hoirs Jehan Barbier ». Citons encore les maisons de Nicolas Fauvel, de Pierre Binet, héritier de Pierre Lenoble par sa femme, de Jean Leclerc, marié à Gasparde Guérin, qui, le 18 juillet 1568, avait acheté de Jacqueline Hanicourt, veuve de Thomas Tesson, « une maison aux *Fontaines*, tenant d'une part à Jehan Barbier, d'autre à Jacques Truyart, d'un bout sur les marais »; avec sept arpents de terre en plusieurs pièces.

Toutes ces maisons constituaient le hameau des *Grandes Fontaines*. Celui des *Petites Fontaines*, dit alors les *Fontaines de Normandie*, ou *Normandie* tout court, comprenait : deux maisons entre le bas de la rue de Creil et le bas de la rue de la Machine, appartenant à Nicolas Herbelot et Nicolas Thourée ; deux maisons sur l'autre côté de la rue de la Machine, occupées en 1580 par Thomas Lambert, marié à Jacqueline Quinquempoix, et Gilles Cazier, laboureur. Thomas Lambert déclare « une portion de maison aux *Fontaines*, en laquelle il y a chambre basse et une grange attenant, avec un jardin devant fermé de haies, le tout faisant partie d'une plus grande maison assise audit lieu des Fontaines, appelée *Normandie*, tenant d'un côté à Sébastien Gérard à cause du surplus dudit lieu, d'autre côté à Gilles Cazier, d'un bout au marais, d'autre à une ruelle commune ». Gilles Cazier déclare aussi qu'il a acquis sa maison de Sébastien Gérard.

Cette maison de *Normandie* avait été construite en 1491 par Jean Nivart au bas des 60 arpents pris à cens du seigneur de Chantilly. Cette propriété avait passé de Jean Nivart à Étienne Sauvage, puis à Jean Moreau, qui l'avait donnée à son neveu Vincent Moreau, maréchal à Senlis. De la maison nous connaissons l'emplacement exact ; elle occupait la partie orientale de la rue de la Machine, où elle a fait place au xviiie siècle à la Manufacture de Porcelaines, aujourd'hui maison Aaron.

Le 28 janvier 1575, Vincent Moreau vendit à Sébastien Gérard, laboureur, et à Gille Delafontaine, sa femme, demeurant aux Fontaines, « une maison manable où il y a plusieurs demeures et corps de logis, grange, étable, cour, jardin et terres labourables à l'entour, le tout contenant 53 arpens, aboutant d'un bout sur le grand chemin conduisant de Senlis à Gouvieux, d'autre au marais dessus l'étang de Gouvieux ».

En avançant vers Chantilly, nous abordons le domaine des Châtelain. En 1559, Jean Châtelain l'aîné et Jean Châtelain le jeune, c'est-à-dire le père et le fils, doivent cette redevance annuelle au seigneur de Chantilly : « Pour leurs maisons, quatre arpens de prés et soixante arpens de terre séans au terroir de Quiquempoit, 16 s. p. de cens, 64 s. p. de rente et deux poules ; pour deux pièces de pré contenant l'une six arpens et l'autre arpent et demy, séans en la prairie de Chantilly, 2 s. p. de cens et 48 s. p. de rente ; pour un clos qui souloit estre fermé de murs, contenant cinq arpens de terre, et huit arpens de terre au dessus, 4 s. p. de cens et 12 s. p. de rente et deux chapons ».

Le 3 février 1567, Jean Châtelain et Nicole Poirée, sa femme, demeurant à Quinquempoix, vendent à Pierre Thourée, laboureur, une pièce de six arpents de terre labourable. D'autres aliénations se produisent les années suivantes : c'est ainsi qu'en 1578 Jean Guerlain, laboureur à Vineuil, « est détenteur et possesseur d'un demi-arpent de terre en grouettes au terroir de Quinquempoix, tenant d'un costé à Jacques Chastellain, d'autre à la rue qui conduit au Gril, aboutant d'un bout à la rivière, et de neuf quartiers de pré en la prairie ».

Ce Jacques Châtelain, fils de Louis, avait un frère nommé Nicolas. Le 3 février 1579, les deux frères déclarent posséder : « Une maison, cour, jardin, tenant d'un costé à la rue conduisant au Gril, d'autre à la rivière, d'un bout à Didier Blanchart, d'autre à la veuve Jehan Chastelain à cause de son douaire ; une pièce de terre appelée le Clos, contenant cinq arpens, tenant d'un costé à Adrien Grégoire, d'autre costé à la rue, d'un bout au chemin qui mène de Chantilly aux Fontaines, et d'autre bout à la rue conduisant au Gril ; une pièce de terre de huit arpens au dessus du clos ; une pièce de terre contenant 43 arpens, tenant d'un costé à Sébastien Gérard, d'autre costé à François Lemaire et à la veuve Jehan Chastelain à cause de son douaire ; des prés... ».

Nous venons de nommer Adrien Grégoire ; il était portier du château de Chantilly et avait dû épouser une Châtelain, car le bien qu'il déclare le 23 mars 1579 appartient évidemment à l'héritage de cette famille : « Une maison couverte de tuiles, faisant portion de plus grand lieu, avec la moitié par indivis de la cour, jardin et pourpris, le surplus appartenant à Jehan Chastelain ou ses héritiers..., tenant d'un costé aux hoirs Pierre Burillon, d'autre à Bernard Carrière et autres, aboutant en long sur la rue dudit Quinquempoix, et d'autre à la rivière ; deux estables et appentis couverts de chaume estans de ladite cour, vers la grange dudit logis ; trois arpens de terre à prendre du costé du Gril... ».

*
* *

Nous arrivons enfin à l'héritage de Pierre Burillon, qui, on s'en souvient, était détenteur du fief principal de Quinquempoix, pour lequel il devait au seigneur de Chantilly une rente annuelle de 6 livres parisis. Il mourut avant 1531, car en cette année le fief est occupé par Jean Legrand, qui avait épousé sa fille Michelle (devenue veuve, elle se remaria avec Pierre Lemoine). Il eut aussi deux fils, Robert, qui continua la lignée, et Pierre, marié à Jeanne Langlois. Celle-ci était veuve lorsqu'elle mourut, le 11 septembre 1569. Robert épousa Isabeau Destampes et en eut quatre enfants, Jean, qui mourut jeune, Jeanne, mariée à Philippe Lesage, foulon de draps, Michelle, femme de Pierre Chapelle, et un autre fils, Claude, qui recueillit le fief. Ce Claude, marié à Perrette Petit, fut le père du dernier du nom, Guillaume, mort sans héritier direct le 31 décembre 1654, et de trois filles, Jeanne, Madeleine et Marie.

Les partages de succession divisèrent de bonne heure l'héritage de Jean Burillon, qui comprenait, outre le fief de Quinquempoix, les 30 arpents pris à cens le 1er février 1501, dont le bois Bourillon formait la pointe au nord. Sa petite-fille Jeanne, mariée à Philippe Lesage, aliéna sa part de 1551 à 1553. De la pièce de 30 arpents, elle en avait reçu trois et demi, qu'elle vendit en 1551 à Marguerite Chauvel, veuve de Nicolas de

Silly, « demeurant au logis de Beauvais près Chantilly » ; ces trois arpents et demi sont « assis au lieu dit et derrière *le bois appelé Burillon*, tenant d'un côté à Pierre Burillon, d'un bout au chemin de Luzarches, d'autre bout à Pierre Laigle ».

A Quinquempoix, Jeanne n'avait qu'un quartier et demi, et sa sœur Michelle autant ; elles vendirent ces trois quartiers, les 9 et 13 mars 1553, à Bernard Carrière, qui avait déjà une maison à Quinquempoix. Bernard fit bâtir une autre maison sur ces trois quartiers de terre, et nous la trouvons quelques années plus tard aux mains de Jean-François de Warty, écuyer d'écurie du duc de Montmorency. On l'appelait alors « la maison de l'écuyer Warty ». Nous en connaissons l'emplacement exact. C'est là que se trouve aujourd'hui la maison qui a conservé le nom de Quinquempoix et qui comprend l'atelier de serrurerie de M. Toupet. Le 22 mars 1581, Renée de Guichard, veuve de noble homme Jean-François de Warty, déclare « tenir une maison, cour, jardin, lieu et pourpris à Quinquempoix, terroir de Chantilly, le tout contenant 3 quartiers 9 verges, tenant d'un côté (orient) au clos de Burillon, d'autre sur la ruelle conduisant de Chantilly au Gril, d'un bout sur le chemin qui conduit de Chantilly aux Fontaines, et d'autre bout au clos de la chapelle Saint-Germain ».

Trois fois veuve, Renée de Guichard était la femme d'un quatrième mari, François Bouzère, élu de Soissons, lorsque, le 18 juin 1605, elle vendit sa maison de Quinquempoix au connétable Henri de Montmorency. Renée de Guichard habitant Soissons, la maison était alors louée au maître-maçon de Chantilly, Anceaulme de Neufville.

Le reste du vieux fief de Quinquempoix fut quelque temps indivis entre Isabeau Destampes, veuve de Robert Burillon, Jeanne Langlois, veuve de Pierre Burillon, et Michelle Burillon, veuve de Pierre Lemoine après l'avoir été de Jean Legrand. Jeanne Langlois mourut le 11 septembre 1569. Par son testament elle léguait à « l'église et fabrique de madame sainte Geneviève de Gouvieux », à charge d'un service annuel pour le repos de son âme, une rente de 10 sols parisis « à prendre et percevoir sur le tiers indivis d'une pièce de terre de sept arpens, et un arpent de pré au bout, assise au lieu appelé Quiquempoix près Chantilly, tenant d'un côté au jardin et maison de Beauvais, d'autre côté à Bernard Carrière, aboutissant d'un bout à la rivière de Nonette et d'autre bout au chemin ». Le 11 avril 1581, par jugement d'Étienne de Lavoizier, lieutenant à Chantilly du bailli de Montmorency, Claude Burillon est condamné à servir cette rente à la fabrique de Gouvieux et à payer deux années d'arrérages ; le jugement rappelle que la rente est assise sur une pièce de terre « tenant d'un côté aux murs de l'hôtel de Beauvais, d'autre côté au logis de l'écuyer Warty ». Dès le 18 novembre 1579, Claude Burillon avait déclaré posséder « une maison, grange, étable, jardins, appelée l'hôtel de Quiquempoix, avec la quantité de huit arpens de terre en trois pièces près et joignant ladite maison, tenant d'un côté à l'hôtel de Beauvais, aboutissant d'un bout sur les prés près la rivière, et d'autre bout au chemin qui conduit de Chantilly à la maison de M. de Warty ; deux arpens de pré... ».

En deçà de la maison de M. de Warty, nous rencontrons une autre pièce de terre démembrée du domaine des Burillon. Le 9 juillet 1580, Jeanne Deschamps, veuve de Mathias de Blainville, éperonnier à Senlis, déclare posséder à Quinquempoix « une pièce de terre d'un arpent et demi faisant partie d'une pièce de trois arpens, tenant d'un côté à Pierre Chapelle, d'autre à Pierre Burillon, d'un bout à la rivière de Nonette, d'autre au grand chemin conduisant de Chantilly aux Fontaines » [1]. Elle y fit construire une maison qui fut aliénée par ses héritiers. Le 19 mai 1602, Pierre de Blainville, avocat au bailliage et siège présidial de Senlis, Mathias de Blainville, avocat au Grand Conseil, et leurs sœurs, vendirent à Bertrand Carrière, conducteur des bœufs de la basse-cour de Bucamp, « une maison couverte de chaume, étable, avec jardin, terre et pré en dépendant, contenant un arpent et demi, séant près l'hôtel de Beauvais ». Sur l'emplacement de cette maison se trouve aujourd'hui la maison n° 28 de la rue du Connétable.

---

1 Mathias de Blainville avait aussi acquis une pièce de terre de deux arpents « près les Aigles, tenant d'un côté à Isabeau Chastelain, veuve de Jean Germain, d'autre côté aux héritiers Thomas Lemoine, d'un bout aux bois de Madame la Connétable, d'autre bout à Pierre Laigle ».

*
* *

Lorsque, en 1601, le connétable Henri de Montmorency voulut bâtir à Chantilly un couvent de Capucins [1], il en choisit l'emplacement tout contre la maison de Beauvais et se fit céder le terrain par Claude Burillon, auquel il acensa en échange dix arpents de terre de l'autre côté de la route, vers la forêt. Ces dix arpents furent rachetés en 1610 par le connétable. Quant au projet de construire le couvent, il dut être abandonné faute d'argent (le connétable était criblé de dettes), et le terrain fut plus tard acensé ; le lieu était encore désigné en 1663 sous le nom de « triage des Capucins », bien que les Capucins n'y aient paru que pour voir bénir par l'évêque de Beauvais les fondements de la future église, dont les murs ne sortirent pas de terre.

L'église de ce couvent aurait rendu les plus grands services aux habitants de Chantilly, à qui l'éloignement de la paroisse rendait bien difficile la fréquentation des offices. Aussi ne manquaient-ils pas d'assister à la messe quand on la célébrait dans la chapelle Saint-Sébastien, qui se trouvait au bord du fossé, à droite du point où aboutissait la route descendant de la chapelle Sainte-Croix. Nous le savons par une lettre adressée au connétable par le précepteur de ses enfants, l'aumônier Pasquier Lucas, le 3 août 1603, alors qu'une épidémie de petite vérole nécessitait de grandes précautions : « Il y a fort peu de maisons autour de ce chasteau qui n'en soient infectées ; pour ce subject nous sommes contrains dire la messe de messieurs vos enfans en la chapelle du parc (Saint-Paul, derrière le château d'Enghien) ; car, comme nous la disions à Saint-Sébastien, il y avoit tousjours quelques-uns du village qui venoient se mesler avec nous ».

La chapelle Saint-Germain se dressait cependant au milieu du hameau, et le titulaire avait l'œil à ses affaires, si l'on en croit les documents dont le chanoine Afforty [2] nous a conservé

---

[1] Voir *Historique des édifices du culte à Chantilly*, Senlis, 1902, et *Chantilly et le connétable Henri de Montmorency*, Senlis, 1903.
[2] T. XXV, 208, 245, 367, 444 (Bibliothèque de Senlis).

la mention : « Vers 1572, sentence du Châtelet qui condamne les détenteurs des biens de la chapelle Saint-Germain de Quiquempoix à rendre au chapelain d'icelle 18 arpens de terre en plusieurs pièces à Moussy-le-Neuf, et qu'ils aient à les bailler par tenans et aboutissans. 15 février 1578, titre nouvel des terres de ladite chapelle, passé au prieur de Moussy-le-Neuf par Jehan Nau, fermier, soy portant fort de Mre François Challes, chapelain de ladite chapelle. 9 mars 1582, requête du chapelain de Saint-Germain pour obtenir permission de mettre en rente sur l'Hôtel-de-Ville de Paris 226 livres tournois au profit de ladite chapelle, provenant d'un remboursement ». Ce François Chasles, « boursier au Plessis et écolier de l'Université de Paris », était en quelque sorte chapelain commendataire ; exact à toucher les revenus de son bénéfice, il n'en distrayait évidemment que le strict nécessaire à l'acquit des charges de la fondation, confié à un prêtre du pays. En 1594, le bénéfice fut donné à son frère Léonard, aussi écolier de l'Université de Paris, par le chapitre de Notre-Dame de Senlis, patron et collateur ; à l'occasion de la prise de possession par Léonard, une requête présentée au bailli de Senlis mentionne « la difficulté et hasard des chemins, tout notoire ». En somme, la chapelle Saint-Germain était desservie aussi peu que possible ; elle n'était d'ailleurs chargée que de deux messes par mois.

En quittant l'héritage des Burillon, nous entrons dans le domaine direct du seigneur de Chantilly, dont nous avons une bonne description dans l'aveu et dénombrement baillé au roi en 1582. Tout d'abord « une grande maison assez près la maison de Bucamp, contenant plusieurs édifices et escuries, couverte de tuile, avec cour et jardin, appelée Beauvais, ladite maison servant à loger hommes et chevaux ». Puis la ferme et les terres de Bucamp. Le receveur de Chantilly mentionne en 1553 que « la ferme de Bucamp a valu pour l'année de ce présent compte la quantité de neuf muys deux mynes un boisseau et demy de seigle, quatre muys deux mynes deux boisseaux d'orge, et six muys deux mynes et demy d'avoyne ».

« Près du chasteau, dit l'aveu de 1582, y a une grande maison appelée Bucamp, contenant plusieurs corps d'hostel, escuries, granges, colombier à pied, et plusieurs groniers à mettre les bledz, avoines, foins et gerbes pour la provision des chevaux ; à laquelle maison le seigneur de Chantilly a le labour d'une charrue qu'il fait cultiver à son profit ; et pour ledit labour entretenir y a les terres ci après déclarées : une pièce de terre près ladite maison de Bucamp et y tenant, le chemin entre deux, tenant d'un côté à la place et friche de devant le chasteau, d'autre à la dame de Warty, aboutissant au chemin de Gouvieux à Senlis ; une autre pièce de terre assise près la pièce dessus dite, appelée la Pointe, tenant d'une part au chemin de Gouvieux à Senlis, d'autre côté et d'un bout au bois de Burillon, et d'autre bout à la croix Jeanneton, contenant vingt arpens un quartier ; une autre pièce de terre tenant d'un côté et d'un bout au bois Burillon, et d'autre côté au bois Trigade, d'autre bout au chemin de Gouvieux à Senlis, contenant neuf arpens ». Cette dernière pièce était au-delà du bois Bourillon ; elle est partiellement occupée par les propriétés comprises entre la rue de l'Embarcadère et la Gare. La croix Jeanneton se dressait sur la lisière de la forêt, en avant des Tribunes ; elle marquait sans doute le lieu d'un accident. Le bout de la route de Laigle n'était pas boisé, non plus que le canton dit les Houys au XVIIᵉ siècle, alors terres cultivées.

La juridiction du hameau de Quinquempoix appartenait, je l'ai déjà dit, au seigneur de Chantilly, qui avait tout droit de justice haute, moyenne et basse, et fourches patibulaires à quatre piliers. Aux dates de 1483 et 1495, nous avons cité Jean Châtelain, « maire et garde de la justice de Chantilly » ; en 1498, il est remplacé par Jean Morel, « bailli et garde de la justice de Chantilly. Puis nous rencontrons : en 1524, Nicole Thibault, « licencié en lois, bailli et garde de la justice de Monseigneur » ; en 1525, Jean Barbette, « prévôt et garde de la justice de Chantilly » ; en 1536, Jacques Rapine, avec le même titre ; en 1541, Jean Barthélemy, « licencié ès droits, bailli de Chantilly » ; en 1553, Nicole Descroisettes, « bailli de Chantilly ». Ce fut le dernier bailli. Lorsque la seigneurie de Chantilly fut unie au duché-pairie de Montmorency, érigé en 1551, le juge local reçut le titre de lieutenant ou lieutenant-général du bailli de Montmorency à Chantilly. Le siège est occupé en 1560 par l'élu de Senlis Lejay ; soupçonné d'incliner vers la Réforme, Lejay fut chassé, et remplacé par Étienne de Lavoizier, « licencié ès lois », en même temps avocat au bailliage et siège présidial de Senlis pour le duc de Montmorency.

La justice était rendue à Chantilly même. « Près et tenant le chasteau, dit l'aveu de 1582, hors la basse cour d'icelluy, y a un corps de logis appellé les prisons, auquel lieu se tient l'exercice de la justice dudit Chantilly et des villages qui en dépendent, qui sont Vineuil, Saint-Firmin, Quinquempoix, Courteuil, Valprofond et Montgrésin, qui sont responsables en première instance par devant le bailly de Montmorency ou son lieutenant à Chantilly par chacun mardy de la sepmaine.... Les appellations ressortissent aux Grands Jours de Montmorency, lesquels se tiennent par chacun an le premier lundy de juin audit Montmorency... ».

Étienne de Lavoizier occupe encore le siège de Chantilly en 1584, et nous avons un jugement par lui rendu le 6 mars de cette année ; il n'est pas sans intérêt de le rapporter intégralement : « A tous ceulx qui ces présentes verront, Estienne de Lavoizier, licencié ès loix, advocat au bailliage et siège présidial de Senlis, lieutenant à Chantilly de Monsr le bailly de Montmorency, en garde pour très haulte dame Madame la Connestable [Madeleine de Savoie], duchesse dudict Montmorency et dame de Chantilly, salut. Sçavoir faisons que, veu le procès extraordinaire faict à la requeste du procureur de ma dicte dame contre Pierre Premet, dict Biscuyt, aultrement le Tortu, natif de Baignol, pays de Languedoq, prisonnier, et contre François Lebesgue, dict Merluyset, absent et fugitif, accusez pour raison de l'homicide commis à la personne de Anthoyne, serviteur mulletier des coffres de Monseigneur de Damville ; les charges et informacions pour raison de ce faictes le huictiesme jour du mois de febvrier, au présent 1584 ; interrogatoires, confessions et dénégacions dudict Pierre Premet, dict Biscuyt, du neufviesme jour dudit mois ; récolemens et confrontacions faictz des tesmoings ouyz ès dictes charges et informacions à la personne dudict Pierre Premet, dict Biscuyt, le neufviesme jour dudict mois ; interrogatoires de Jehan Dinet, serviteur cochier de Monseigneur de Damville, avec la confrontacion faicte dudict Jehan Dinet à la personne dudict Pierre Premet, dict Biscuyt, le quatorziesme jour dudict mois et an ; décretz de prise de corps décernés contre ledict François Lebesgue, dict Merluyset ; adjournement à trois briefz jours donné aud. Lebesgue, et, avec, les trois deffaulx personnelz et le quart d'abondant obtenuz par led. procureur demandeur contre led. Lebesgue les 11, 15, 20 et 28 février 1584 ; les conclusions deffinitives dud. procureur tant à l'encontre dudict Pierre Premet, dict Biscuyt, que dud. François Lebesgue, dict Merluyset ; et sur le tout prins l'advis du Conseil ; Nous disons que lesdictz deffaulx obtenuz par ledict procureur à l'encontre dudict François Lebesgue, dict Merluyset, ont esté bien et deuement obtenuz, et, en adjugeant audict procureur le prouffict d'iceulx, que le récolement faict des tesmoings ouyz ès dictes informacions vauldra pour confrontacions à l'encontre dudict Lebesgue, dict Merluyset ; et en faisant droyt deffinitivement, disons que ledict François Lebesgue, dict Merluyset, est suffisamment actainct et convaincu de l'homicide par luy commis à la personne dudict Anthoine, serviteur mulletier des coffres de mond. seigneur de Damville ; pour réparacion et justice duquel homicide, avons condempné et condempnons ledict François Lebesgue, dict Merluyset, à estre pendu et estranglé par son col tant que mort s'ensuyve, si appréhendé peult estre en personne ; sinon et ne prins et appréhendé ne peult estre, l'avons condempné et condempnons à estre pendu par effigie en une potance qui pour cest effect sera mise et apposée au carfour près la ferme de Vyneul appartenant à madicte dame, où ledict homicide a esté commis ; et si avons les biens dudict Lebesgue, dict Merluyset, déclarez acquis et confisquez à qui il appartiendra.

« Et quant audict Pierre Premet, dict Biscuyt, aultrement le Tortu, avons dict et disons que pour réparacion de la complicité audict homicide, led. Pierre Premet est condempné et le condempnons à estre fustigé et bastu nud de verges en la grant place au devant du chastel dudict Chantilly, et encores au carfour près ladicte ferme de Vyneul où ledict homicide a esté commis, et oultre à servir le Roy nostre sire en ses gal-

lères pendant le temps de six ans continuellement ; auquel
Pierre Premet, dict Biscuyt, avons faict et faisons deffences
de enfraindre et rompre lesdictes gallères pendant ledict temps
de six ans, sur payne de la vie. Et se prendront les fraiz
de justice sur lesdictz biens confisquez par nostre sentence,
jugement, et par droict.

« En tesmoing de ce, nous avons signé ces présentes de
nostre seing pour scel. Ce fut faict et prononcé en jugement, en
la présence dud. procureur de madicte dame, en l'absence
dudict François Lebesgue, dict Merluyset, par le moyen de ce
qu'il s'est rendu fugitif, et en la présence dudict Pierre Premet,
dict Biscuyt, aultrement le Tortu. Et auroient, assavoir ledict
François Lebesgue, dict Merluyset, pour son absence esté
pendu par effigie au lieu cy dessus déclaré ; et ledict Pierre
Premet, dict Biscuyt, aultrement le Tortu, esté fustigé nud de
verges en nostre présence et dudict procureur aux dictz lieux
dessus dictz, en exécutant nostre sentence par Jehan Taffin,
maistre des haultes œuvres du bailliage de Senlis ».

Le 20 avril 1584, Étienne de Lavoizier remit Pierre Premet,
pour être conduit à Marseille, à Jean Lécuyer, serviteur de
Guillaume Huot, commissaire pour l'armement des galères du
roi au nom et comme procureur de messire Antoine-Scipion
de Joyeuse, chevalier de l'ordre de Saint-Jean de Jérusalem
et grand-prieur de Toulouse. Des lettres royales du 5 décembre 1583, suivies de lettres d'attache données le 15 par le
duc de Retz, général des galères de France, avaient autorisé
M. de Joyeuse à se faire délivrer 600 prisonniers pour armer
deux galères.

Nous trouvons ensuite le siège de Chantilly occupé : en 1589,
par Antoine Jaulnay, dont le frère, Louis, est receveur de
Chantilly ; en 1615, par Claude de Cornoaille, sieur de
Griseaux ; en 1618, par son fils Claude, seigneur de Foulangues
et de la Gouyne.

Par jugement du 30 octobre 1632, le duc Henri de Montmorency eut la tête tranchée pour crime de rébellion, et ses biens
furent confisqués. Louis XIII en rendit une bonne partie aux
sœurs du condamné, et garda le plus beau morceau, le domaine
de Chantilly, qui offrait un vaste champ à sa passion de la

chasse. Ce domaine comprenait alors, outre les villages voisins de Chantilly, les fiefs et seigneuries de la Chaussée de Gouvieux, Apremont, Pontarmé, Thiers et Neufmoulin, le fief de Tournebus dans la ville de Senlis, et, au-delà de cette ville, les seigneuries de Montépilloy et Chavercy. La justice était rendue dans ces villages ou fiefs par les officiers de Chantilly, qui s'y transportaient périodiquement. Louis XIII réunit ces différentes justices à celle de Chantilly, et en fixa le siège au chef-lieu du fief de Tournebus à Senlis, cette ville formant à peu près le centre de l'immense domaine [1].

Les lettres royales de mars 1633 érigeaient la justice de Chantilly en bailliage royal, ressortissant directement au Parlement de Paris. Mais le bailli de Senlis représenta que celui de Chantilly voudrait peut-être par la suite jouir des mêmes prérogatives que lui dans cette ville de Senlis, y siégeant avec le même titre de bailli royal, et que cela pourrait occasionner des différends entre eux. Le roi se rendit à ces raisons, et, pour obvier à toutes difficultés, il donna, le 23 juillet suivant, d'autres lettres-patentes par lesquelles il supprima le titre de bailli royal de la justice de Chantilly, et créa un prévôt royal pour exercer sous ce titre la justice de Chantilly au siège du fief de Tournebus à Senlis, avec ressort au bailliage et au présidial de cette ville. Claude de Cornoaille, qui avait été confirmé par Louis XIII dans ses fonctions de juge de Chantilly, prit alors le titre de « prévôt pour le roi en la prévôté et châtellenie royale de Chantilly et autres terres et seigneuries y annexées, établie au fief de Tournebus à Senlis ».

Les hameaux de Quinquempoix et des Fontaines ne paraissent pas avoir souffert des guerres de Religion. La Ligue les toucha de plus près. Pendant que l'armée du duc d'Aumale assiégeait Senlis dans les premiers jours de mai 1589, un détachement de ligueurs vint tenter un coup de main sur Chantilly, alors muni

---

[1] Voir *la Justice de Chantilly et le fief de Tournebus*, dans les *Mémoires du Comité archéologique de Senlis*, année 1905, p. xiv.

d'une petite garnison. Outre les témoignages conservés dans les archives du Musée Condé [1], le fait est signalé par un auteur contemporain [2] : « Mesdames de Montmorency et de Thorey, qui étaient pour lors à Chantilly, ne manquaient à faire tout ce qu'elles pouvaient tant pour leur conservation que de la place, où elles étaient assiégées par Pontrincourt, comme pour aider aux assiégés de Senlis, et faisaient fort souvent des signaux de feu pendant la nuit, afin de donner à l'ennemi quelque soupçon d'un secours espéré, et par ce moyen le tenir en alarme... ». C'est de cette époque que doit dater la déchéance du hameau des Aigles, dont je ne vois plus trace au XVIIe siècle. En 1650, il n'est question que des « masures des Aigles », c'est-à-dire d'un lieu ruiné, inhabité. J'ai rencontré la même particularité pour le hameau de la Coharde, florissant au XVIe siècle, abandonné au XVIIe.

Avec l'occupation de Chantilly par Louis XIII coïncide un certain développement du village. En 1641, l'hôtel de Beauvais est occupé par Martin Boullemer, dit Lamartinière [3], « garde des plaisirs du roi à Chantilly », Thomas Parmentier, beau-père de Boullemer, « piqueur du vol pour corneille de S. M. », Louis Maupin, « garennier du sieur de Messardière [4], lieutenant à Chantilly du marquis de Saint-Simon », enfin par Balthazar Delapierre, hôtelier. Une partie de la maison de Beauvais avait été transformée en hôtellerie. Cette hôtellerie quitta bientôt Beauvais pour être transférée, avant 1650, en face du château, au-dessous de la chapelle Sainte-Croix ; elle est

---

[1] Voir *Chantilly et le connétable Henri de Montmorency*, Senlis, 1903, p. 2-4.

[2] *Récit véritable de la surprise de Senlis par la Ligue, réduction d'icelle en l'obéissance du roi*, écrit par un Auteur contemporain, publié par Adhelm Bernier dans les Mémoires inédits de l'Histoire de France, 1835, p. 172.

[3] Martin Boullemer est le fondateur d'une dynastie d'officiers forestiers dont le dernier représentant, Alexandre-Jean-Baptiste Boullemer de Lamartinière, fut directeur des forêts du duc d'Aumale mineur.

[4] Claude d'André, sieur de Messardière. Le marquis de Saint-Simon fut capitaine de Chantilly pour Louis XIII de 1633 à 1643, et pour Louis XIV de 1654 à 1660 ; il occupait le petit château, qui fut alors appelé, mais pour ce temps seulement, « la Capitainerie ».

ainsi désignée dans un état des censives rédigé en 1651 : « La veuve et héritiers Balthazar Delapierre [1], pour une maison sise devant la porte du château de Chantilly, du côté de la forêt, où pend pour enseigne la *Grande-Barbe*, tenant d'un côté (orient) au mur du parc, d'autre côté sur le chemin, doivent 10 sols tournois de cens ». Lorsque le Grand Condé créa l'entrée actuelle du château, il acquit et fit disparaître *la Grande-Barbe*, qui fut aussitôt reconstruite sur un terrain concédé à Claude Delapierre le 22 avril 1674.

Immédiatement après l'hôtel de Beauvais, l'emplacement des maisons 16 à 22 de la rue du Connétable était occupé par le terrain acquis de Claude Burillon, en 1601, par le duc de Montmorency dans le dessein d'y édifier un monastère. Ce terrain, qui avait été acensé par Louis XIII, appartient en 1650 à Martin Boullemer, qui l'a fait entourer de murs. A la suite, Guillaume Burillon, fils de Claude, avait aliéné d'autres morceaux du vieux fief. Gervais Favanne possédait une maison représentée par les nᵒˢ 24 et 26 actuels ; en 1662, cette maison appartient à Jean Masson, dit la Bulte, muletier du prince de Condé, marié à Françoise Aubry ; leur fille, Nicole Masson, l'apporta en mariage au boulanger Pierre Barré.

Plus loin, la maison de Bertrand Carrière, que nous avons déjà mentionnée, avait été vendue à Charles Blampied [2], dont le fils Henri, dit la Senne, pêcheur du prince de Condé, en fit la déclaration en 1681. A la suite (à peu près le nᵒ 30), une nouvelle maison appartient en 1641 à Pierre Debauve [3], auber-

---

[1] Balthazar Delapierre, fils de Claude et de Marie Chauffemère, avait épousé Jeanne Cauré, dont il eut un fils, Claude II, baptisé à Gouvieux le 27 septembre 1611. Claude II épousa Anne Boullemer le 7 octobre 1662.

[2] Charles Blampied était chargé de l'entretien des fossés du château et des canaux du parc, aux gages de 200 livres ; c'est l'emploi aujourd'hui tenu par le garde Lesage. Les descendants de Blampied occupèrent les mêmes fonctions et conservèrent le surnom de « la Senne », à cause du titre de « pêcheur de S. A. S. ».

[3] Pierre Debauve et Marguerite Lenoir eurent un fils, Antoine, baptisé à Gouvieux le 6 mars 1646, et un autre, Étienne-Marie, baptisé dans la même église le 5 mars 1648 ; celui-ci eut pour parrain Étienne Dalmas, capitaine de Chantilly, et pour marraine Mathurine Loiau, femme de Jean Faugère, garde des archives du château.

giste et cordier ; d'après la déclaration de 1651, elle tient d'un côté (orient) à Blampied, d'autre côté à Étienne Roland, d'un bout à Guillaume Burillon, d'autre à la rue. Debauve possède aussi deux arpents de terre près du bois Burillon.

La maison d'Étienne Roland correspond aux n°s 32 à 40 de la rue du Connétable. Le 10 septembre 1637, Louis Maupin acquit de Guillaume Burillon un morceau de terre de 8 verges sur lequel il fit construire une « maison couverte de tuile, avec étable, cour par devant, tenant d'un côté aux héritiers de Bertrand Carrière, d'autre à Marie Burillon, d'un bout à Guillaume Burillon, d'autre bout au chemin qui conduit de Chantilly aux Fontaines ». Le 8 mars 1641, Louis Maupin est dit « garennier du s^r de Messardière, demeurant à Beauvais », et, le 19 juillet 1642, « cordonnier demeurant à Quinquempoix » ; il occupe alors sa maison. Il la vendit, le 10 mai 1648, à Étienne Roland ; celui-ci acquit, le 16 juin 1652, 25 verges de terre de Guillaume Burillon, et il fit reconstruire la maison en l'agrandissant.

En 1657, Étienne Roland est « cabaretier » ; en 1663, « marchand hostellain ». A sa profession d'hôtelier, il joignait des fonctions au château ; on le trouve sur l'état du personnel en 1659 : « Pour l'entretenement de la Volière et pour le nettoiement des cours, le tour et passage de la terrasse », il reçoit 108 livres de gages, et 36 livres « pour la nourriture des carpes qui sont dans le bassin » (entre le grand et le petit château). Le 19 août 1681, Claude Huchet, veuve d'Étienne Roland, « vivant garde-volier des oiseaux de Chantilly », déclare une maison à Quinquempoix, « tenant d'un côté aux héritiers Étienne Debauve, d'autre à S. A. S. à cause du jardin tenant au logement des menuisiers anciennement appelé le *Chenil* ». Ce chenil avait été installé par le connétable Henri de Montmorency à côté de la maison de l'écuyer Warty. Dans le bail du domaine de Chantilly en 1615, le seigneur se réserve, entre autres choses, « la maison de Madame de Warty et deux maisons appelées Chenilz », lesquelles devinrent par la suite l'hôtel de Quinquempoix, affecté par le Grand Condé aux ateliers de ses menuisiers et serruriers. Le jardin de ces maisons s'étendait jusqu'à la propriété Roland, c'est-à-dire jusqu'à la place du Marché. Derrière, se trouvait ce qui restait de l'héritage de Burillon autour du siège, bien déchu, du vieux fief de Quinquempoix.

On se rappelle qu'en 1569 Jeanne Langlois, veuve de Pierre Burillon, avait légué à l'église de Gouvieux une rente de 10 s. p. à prendre sur une pièce de terre de sept arpents et demi située entre Quinquempoix et Beauvais ; le 25 mai 1649, Guillaume Burillon, maçon, ses neveux Guillaume Bomy, aussi maçon, demeurant à Quinquempoix, et Jean Coqueray, cordonnier à Survilliers, s'engagent à payer cette rente. L'année suivante, Guillaume Burillon et sa sœur Madeleine déclarent posséder « une maison, cour, jardin, granges, étables, colombier, assis à Quinquempoix, tenant d'un côté aux Chastelain, d'autre à Étienne Roland, d'un bout sur la rivière de Nonette ; quatre arpens et demi six verges un quart de terre joignant ladite maison..., un arpent de pré en la prairie ». Ils avaient en outre dix arpents de terre au lieu dit les Houys.

Madeleine précéda son frère dans la tombe. Guillaume mourut le 1er janvier 1655, après avoir partagé son bien entre ses héritiers. Il léguait 6 livres tournois de rente annuelle à l'église de Gouvieux, à la charge d'un service au jour anniversaire de sa mort, et son testament contenait en outre cet article : « Veut que M. le curé de Gouvieux prenne 20 sols par chacun an sur une grange attenant la chapelle Saint-Germain pour dire tous les ans une messe à ladite chapelle ». Cette chapelle, qui était donc encore en assez bon état, était habituellement désignée sous le nom du voisin ; j'ai relevé en effet dans les registres de la paroisse de Gouvieux : « Guillaume Foyen, noyé, a été inhumé à la chapelle Burillon le 12 octobre 1652 ».

De l'héritage de Guillaume et de Madeleine Burillon, une partie fut conservée par leur neveu Bomy ; le reste fut vendu à Louis Seraux, dit Sandrin, mari d'Anne Dulude. Guillaume Bomy mourut peu après, laissant des enfants mineurs, et sa veuve, Marie Favanne, convola en secondes noces avec Gervais Duval. Anne Dulude est aussi veuve en 1660, avec la charge de jeunes enfants ; elle épousa plus tard Jean Lamarche, garde du prince de Condé à la résidence de Coye.

Les marguilliers de Gouvieux attendirent vainement le paiement des sept livres de rente léguées à leur église par Guil-

laume Burillon. En outre, des 20 sols de la fondation de 1569,
5 incombaient aux Bomy, 10 aux Seraux-Dulude, et le service
de ces 15 sols restait aussi en souffrance. Le 20 juin 1659, le
juge de Chantilly, Louis Laurens, condamna les héritiers
Bomy à payer les arrérages ; ils s'y refusèrent, et préférèrent
abandonner à l'église de Gouvieux « tout ce qui peut leur estre
venu par la succession de Guillaume Bourillon, se consistant
en : 1° deux chambres, petit grenier dessus, couvert en tuile, une
grange, cave dessous, petite cour, terre et pré y tenant, sis
à Quinquempoix, tenant d'un côté (occident) à la veuve Nicolas
Duriez (héritière des Châtelain), d'autre à la veuve Louis
Seraux, d'un bout à la rivière, d'autre bout à ladite veuve
Duriez ; 2° trois quartiers tant terre que pré proche le même
lieu, tenant d'un côté à Pierre Debauve, d'autre à la veuve
Seraux, d'un bout à la rivière, et d'autre bout à Étienne
Roland ; 3° trois arpens de terre et bois taillis ou autrement, la
pièce comme elle se comporte, sise proche les Houys, tenant
d'un côté à eux-mêmes, d'autre côté à la veuve Seraux, d'un
bout sur les bois de Chantilly, et d'autre bout à Robert
Hédouin » (transaction du 17 mai 1660).

L'héritage de Guillaume Burillon à Quinquempoix fut englobé
dans le nouveau parc créé par le Grand Condé ; le prince
acquit les terres dès 1663 ; l'acte de vente de la maison n'inter-
vint que le 15 mai 1673 : ce jour-là, Jean Lamarche et Anne
Dulude, au nom des enfants mineurs de Louis Seraux, vendent
au prince « deux maisons entretenant ensemble, l'une couverte
de tuiles et l'autre de chaume, cour, jardin et pré clos de
murailles, le tout de présent enclavé dans le parc de Son
Altesse Sérénissime, contenant deux arpens trois quartiers
dix verges (plus d'un hectare), tenant d'un côté (occident) aux
héritiers de la veuve Duriez, d'autre et d'un bout au prince,
d'autre bout à la rivière, leur appartenant d'acquets faits
pendant la communauté dudit défunt Seraux et de ladite
Dulude ».

Les marguilliers de Gouvieux s'opposèrent aussitôt au
versement du prix d'acquisition, « d'autant que la plus grande
partie desdits maisons et héritages appartient en toute propriété
à l'église de Gouvieux en vertu de la transaction du 17 mai 1660,

dont les deux premiers articles sont situés dans le parc de ·
S. A. S., *où est à présent la nouvelle faisanderie* ». — Anne
Dulude et ses deux maris n'avaient donc pas cessé de détenir
la part d'héritage des Bomy. Quant à la *nouvelle Faisanderie,*
c'est la maison et le jardin potager de Mme Chapard. —
En même temps, les héritiers Bomy réclamaient la valeur
que comportait leur part du bien vendu. Par sentence du
23 mars 1675, le juge Jean Laurens leur attribua une somme de
600 livres sur le prix de vente, qui était de 2.000 livres. Un
accord était déjà intervenu, le 28 mai 1674, entre la fabrique de
Gouvieux et Jean Lamarche ; celui-ci s'engageait à verser une
somme de 180 livres pour éteindre les rentes léguées à l'église
par Jeanne Langlois et Guillaume Burillon.

*
* *

Immédiatement après l'héritage Burillon vient la maison des
Châtelain, dont le domaine est bien morcelé. Dès le XVIe siècle,
nous en voyons des morceaux aux mains d'Adrien Grégoire, de
Didier Blanchart, de Bernard Carrière, entre la route et la
rivière ; nous mentionnerons tout à l'heure une nouvelle maison édifiée par Bernard Carrière près du Gril (au bas de l'avenue
du Bouteiller). Entre cette maison et celle des Burillon se trouvent les bâtiments occupés par les Châtelain ; en 1650, ces bâtiments sont partagés en trois portions : un tiers appartient à
Marguerite Châtelain, veuve d'Eustache Tesson, un autre à
Louise Châtelain, femme de Toussaint Masson ; le dernier
tiers est indivis entre Jeanne et Catherine Châtelain, mariées
à Nicolas Lemoine et à Nicolas Duriez : ce qui reste du
domaine des Châtelain dans le voisinage de la maison comprend alors : un arpent « à faire chanvre », derrière la maison ;
six arpents de pré en la prairie de Quinquempoix, 60 verges
de pré proche le Gril, 105 verges au pré de l'Épinette, 15
arpents de terre entre le chemin des Fontaines et celui de
Senlis (sur la Pelouse) ; chacune de ces pièces est divisée en
trois parties.

Dix ans plus tard, le morcellement s'est accentué ; le premier
tiers est divisé entre Henri, Thomas et Fleurippe Tesson,

Claude, Henri et Antoine Foyen ; le second entre Oudard
Dulude, Nicolas Duriez fils, Nicolas Lemoine, les Tesson et les
Foyen susnommés ; le troisième tiers est toujours aux mains
de Jeanne Châtelain, femme Lemoine, et de Catherine Châtelain, veuve Duriez.

Près de là, nous rencontrons pour la première fois la maison
à laquelle j'ai fait allusion plus haut, construite par Bernard
Carrière et vendue par ses héritiers, en 1638, à Jacques
Cousin [1], concierge de la maison du Gril. En 1660, Jacques déclare posséder « une maison, grange, étable, jardin et terre derrière, sise à Quinquempoix proche le Gril, contenant deux arpens,
tenant à Oudard Dulude au lieu de Toussaint Masson, d'un bout à
la rue qui conduit au Gril, d'autre à la rivière ; sept arpens de terre
aboutissant au bois Bourillon, etc. ». Dans un acte du 6 septembre
1660, cette maison est ainsi limitée : « tenant d'un côté à la rue
conduisant au Gril (avenue du Bouteiller), d'autre côté aux héritiers Oudard Dulude [2] (propriété Châtelain à l'est), d'un bout à la
rue conduisant à la chapelle Saint-Germain ou Burillon, d'autre
bout à la rivière Nonette » [3].

Quant à la maison du Gril, nous en avons une description
rédigée en 1640 par Jean Faugère, « garde des archifz du Roy
en son chasteau de Chantilly » : « Et proche dudict chasteau,
au commencement et hault bout de l'estang de Gouvieux, et
tenant au hameau de Quinquempoix, est la maison appellé du
Gril, assize sur haultz pilotins, au dessoubz de laquelle passe par
un grand gril de fer la rivière de Nonette, y ayant un passage
pour passer d'une part à l'autre d'icelle maison et rivière,
ladicte maison, contenant cuisine ou chambre manable et deux

---

[1] Jacques Cousin et Charlotte Lecomte, sa femme, eurent quatre fils et
trois filles : Claude, Geneviève, Antoinette, puis Henri, baptisé à Gouvieux le 9 août 1631 ; Balthazar et Louis, jumeaux, baptisés le 8 juillet 1634 ;
Jacques, baptisé le 4 juillet 1647.

[2] Oudard Dulude est garde forestier dès 1620 ; il fut inhumé à Gouvieux
le 28 mars 1659. Son fils Claude, né en 1636, fut aussi garde forestier ; il
épousa Catherine Châtelain. Ses descendants furent gardes du domaine
jusqu'à la fin du XVIIIe siècle.

[3] La maison n'existe pas encore en 1578, date où l'emplacement appartient à Jean Guerlain, laboureur à Vineuil.

petitz estables, couverte de thuille plat ; en laquelle loge
Jacques Cousin comme concierge aux gages que Sa Majesté luy
donne de trente-six livres tous les ans, à la charge d'arracher,
deffaire et nitier dudict gril les herbes et immondices que l'eau
de la rivière avalle et amène audict gril, et le tenir net à ce que
ladicte eau et rivière aye son passage et cours plus librement
dans l'estang ». En 1659, la maison du Gril est occupée par
Nicolas Duriez, « garde des Houys ».

Plus loin (près de la rue de la Machine), un hameau s'est
formé près de la grande ferme de Normandie, possédée en 1575,
avec 53 arpents de terre, par Sébastien Gérard. Son fils Michel,
qui lui a succédé, meurt avant 1627, et la veuve, Simonne
Gaudin, est poursuivie par des créanciers qui obtiennent la
saisie de son bien, à savoir : « Une maison, cour, granche,
estable, carrière, puits, jardin et terre enclos de murs tenant à
ladicte maison, le tout couvert de chaume, assise à Quinquempoix, autrement *Normandie*, en laquelle ladicte veuve est
demeurante, tenant d'un côté au chemin qui va au marais (rue
de la Machine), d'autre par derrière à Jehan Tesson, et d'autre
au chemin qui va de Chantilly à Gouvieux ; 50 ou 55 arpens de
terre en une pièce, proche et tenant à ladicte maison », et
s'étendant jusqu'au chemin de Senlis à Gouvieux, « de laquelle
pièce il y a 20 arpens ou environ chargés en seigle, avoine et
orge ». Jacques Toudouze, laboureur à Vineuil, fut établi curateur des biens saisis. Des oppositions se produisirent aux
criées ; Bertrand Carrière, « demeurant proche Chantilly »,
se disait possesseur de neuf arpents compris dans la pièce saisie ; Claude Delapierre, « demeurant en l'hôtel de Beauvais »,
en réclamait trois ; d'autres survinrent, qui, titres en mains,
établissaient leurs droits ; bref, on ne mit en vente qu'une pièce
de trente arpents, « tenant d'un côté à Claude Delapierre,
d'autre côté vers Gouvieux à......, d'un bout au grand chemin
qui conduit de Gouvieux à Senlis, et d'autre par hache à la
veuve Leroux, à monseigneur de Montmorency, et à Mathieu
Delapierre, et par hache aux marais de Gouvieux ». La maison
et les terres furent adjugées à Simon Desprez, receveur de
Chantilly ; le prix, 375 livres tournois, fut versé, le 15 janvier
1629, entre les mains d'Étienne Delafosse, receveur des consi-

gnations du bailliage et siège présidial de Senlis. En 1650 et en 1662, Marguerite Tricot, veuve de Simon Desprez, fit la déclaration de sa maison de Normandie et des trente arpents de terre.

Au-dessous et à côté de la maison de Normandie, nous avons signalé, en 1580, deux maisons vendues par Sébastien Gérard à Thomas Lambert et à Gilles Cazier. Ces maisons appartinrent ensuite à Étienne Gesseaume, dont les deux filles, Jeanne et Françoise, épousèrent deux frères, Jean et Claude Tesson. En 1634, Jean Tesson déclara posséder « une maison, cour, jardin, grange, étable, assise à *Normandie,* tenant d'un côté (orient) à Claude Tesson, d'autre à la rue du Marais (rue de la Machine), d'un bout aux héritiers de défunt Mre Simon Desprez, receveur de Chantilly, d'autre bout aux marais, lui appartenant à cause de Jeanne Gesseaume, sa femme ».

Quant à Claude Tesson, il vendit sa maison, le 14 janvier 1648, à Jacques Cousin, « ouvreur des grils de Chantilly », demeurant à Quinquempoix : « Une maison, grange y tenant, étable, contenant le tout trois travées couvertes de chaume, cour, jardin, lieu et pourpris, assis au hameau de Normandie, tenant de côté et d'autre à Jean et Fleurippe Tesson, d'un bout à la veuve Simon Desprez, receveuse de Chantilly (Marguerite Tricot), d'autre bout aux marais ».

De l'autre côté de la rue de la Machine, jusqu'à la route de Creil, tirant vers le marais, les maisons occupées en 1579 par Nicolas Herbelot et Nicolas Thourée en font trois en 1642. La première, abandonnée par Valentin Poirée vers 1650, est acensée en 1655 au charpentier Charles Martin. En 1642, Marie Richevilain, veuve de Jean Famin, et Mathieu Delapierre, déclarent posséder deux maisons « qui anciennement n'en faisaient qu'une, touchant à Valentin Poirée » [1]. Nous trouvons

---

1 La famille Poirée est encore aujourd'hui représentée par M. Oscar Poirée, propriétaire à la Gâtelière, près Senlis. Ses ancêtres se rencontrent à Saint-Firmin et à Courteuil dès le début du XVIe siècle. A Chantilly l'on trouve : en 1615, Mathieu Poirée, « serviteur domestique de M. de Montmorency »; en 1640, Valentin Poirée; en 1659, Jean et Mathieu Poirée, jardiniers du château; en 1679, François Poirée, aussi jardinier; en 1662, Paul Poirée, charron à Saint-Firmin; en 1669, André Poirée,

plus tard : en 1650, Lucien Horan et Diane Delapierre, la veuve
Famin et Henri Sejournel; en 1661, Marin Mallet au lieu de la
veuve Famin. Les héritiers de Charles Martin construisent une
autre maison « sur l'allée » (quai de la Canardière) ; la veuve
de Charles, Nicole Banse, l'habite en 1670. Le hameau de
Normandie, ou des Fontaines de Normandie, se compose donc
alors de sept maisons.

On en compte dix au hameau des Grandes Fontaines, à
gauche et à droite de la rue des Fontaines (partie inférieure).
A l'est, en partant du bas, la première est celle de Pierre
Barnabé (1650); au-dessus, celle de Jacques Piat, marié à
Françoise Foyen, dont la fille, Félice, épousa Nicolas Maignan. La troisième appartient à Marie Jouin, veuve Langlois
(1650), puis à Charles Martin, charpentier ; en 1682, il y a deux
maisons, occupées par Claude Couvreur et Charles Mennessier.
Enfin la quatrième, vendue en 1635 par Michel Protin à Robert
Hédouin, passa ensuite au fils de Robert, Jacques, et resta
longtemps dans sa famille.

Sur le côté occidental de la rue des Fontaines, les maisons
ne s'étagent pas au long de la rue, mais bordent le vaste carrefour des Fontaines, délimité par un chemin qui, se détachant
de la rue au point même où s'embranche aujourd'hui la rue du
Viaduc, s'infléchit vers le marais. Il y a là six maisons qui dis-
parurent, comme le chemin lui-même, au commencement du
XIXᵉ siècle. De 1634 à 1650, ces maisons sont possédées par
Michel Philippot, Germain Ledru, Noël Trouvé, Nicolas
Daguenet, Louis Taupin, Jean Foucquet.

Quant à la Pelouse actuelle, la partie orientale appartient
alors au seigneur de Chantilly; la partie occidentale et tout le
terrain à la suite, jusqu'au delà de la voie ferrée, se trouvent
divisés entre les habitants que nous venons de rencontrer à
Quinquempoix, à Normandie, aux Fontaines.

On sait qu'après la mort de Louis XIII Chantilly fut rendu à

---

charron du château de Chantilly, demeurant au logis de Bucamp ; de
1687 à 1709, Guillaume Poirée, fontainier, etc., etc.

Charlotte-Marguerite de Montmorency, femme du prince de Condé Henri II et mère du Grand Condé (octobre 1643). Le pays fut tranquille et prospère jusqu'aux troubles de la Fronde ; puis il ressentit les effets des guerres civiles. J'ai rapporté ailleurs les témoignages des dégâts dont furent victimes les communes de Coye et de Gouvieux[1]. C'est surtout au mois d'octobre 1652, lorsque le Grand Condé s'éloigna de Paris pour se rapprocher de la frontière, que Chantilly et les environs furent particulièrement éprouvés. L'armée royale campa, du 14 au 25 octobre, entre le Boquet de Vineuil et Senlis. Le maréchal de La Ferté s'établit au prieuré de Saint-Nicolas d'Acy, qui subit les pires dégâts[2]. Les soldats vivaient sur le pays et ne se faisaient pas faute de piller, de saccager. A Chantilly, leur conduite avait des excuses : les daims, les poissons, les oiseaux du prince rebelle étaient de bonne prise. Il n'est pas douteux que les hameaux de Chantilly n'aient ressenti le contre-coup de ces excès ; mais en somme ce fut un désastre passager ; le séjour des troupes fut de courte durée, et le pays recouvra bientôt la tranquillité. Puis le procès criminel intenté à Condé amena la condamnation à mort du rebelle et la confiscation de ses biens (27 mars 1654), et Chantilly eut de nouveau le roi de France pour seigneur.

Le traité de paix du 7 novembre 1659 rendit à la Patrie le héros repentant et soumis Mais c'est pour lui le repos, le repos arrivé avant l'heure. Portant le poids d'un passé dont le souvenir obsédera longtemps la pensée royale, Condé est éloigné de toute participation aux affaires publiques ou militaires. Chantilly va profiter de cette inaction forcée ; toutes les ressources d'un fertile esprit en quête d'emploi seront consacrées à l'embellissement du domaine, et Condé se révèle sous un jour nouveau : l'homme de guerre incomparable étonnera par ses conceptions et sa maîtrise l'armée d'ingénieurs, d'architectes, de jardiniers et d'ouvriers de tout genre dont il va

---

[1] *Historique du domaine forestier de Chantilly*, i, 15, et ii, 39.

[2] Voir aux Archives de l'Oise, H. 2593, le curieux et copieux procès-verbal des dégâts commis par les troupes royales. Un document des archives de Chantilly signale les mêmes excès à Vineuil.

prendre le commandement. L'état des lieux que nous venons
de décrire sera complètement bouleversé, et le vieux hameau
de Quinquempoix est tout d'abord condamné à disparaitre.

L'opération est fantastique. La contenance du parc du château, qui était de 250 arpents environ, fut portée tout d'un
coup à 2.749 arpents à la mesure de Chantilly, revenant à 3.298
arpents 80 perches à la mesure de France. La muraille qui
devait enclore le parc ainsi agrandi fut entreprise au printemps
de 1662, avant même que ne fût passé le premier des nombreux
contrats d'acquisition que nécessitait cet accroissement du
domaine. De Chantilly à Apremont, des Fontaines à Saint-
Firmin, terres, prés et bois allaient former le nouveau parc, où
le village de Vineuil se trouva enclavé. Le Grand Condé en fit
tracer l'enclos après s'être assuré l'assentiment des principaux
intéressés, qui étaient le seigneur engagiste de Creil, celui de
Laversine, et le prieur de Saint-Nicolas d'Acy ; les autres propriétaires, de petite importance, ne pouvaient faire autrement
que s'exécuter ensuite. Ce fut une véritable mainmise sur un
vaste territoire dont le prince ne possédait que la moindre
partie : le bois du Lieutenant, la Vidamée, le bois et les terres
de Vineuil. Les choses se passèrent d'ailleurs fort régulière-
ment, et les archives de Chantilly conservent un monceau de
contrats d'acquisition qui s'échelonnent de 1662 à 1682 environ ; la plupart comportent, outre le prix d'achat, une indemnité de non-jouissance, l'acte n'intervenant souvent que longtemps après la prise de possession par le prince de Condé. La
muraille qui entoure le grand parc, aujourd'hui distinct du
parc du château, fut donc élevée en 1662 ; elle se continuait
autour de Quinquempoix, derrière la rue de la Machine et la
rue du Connétable, englobant les maisons et jardins du vieux
hameau, et toute la prairie ; elle ne laissait en dehors que les
maisons qui sont aujourd'hui représentées par les n°ˢ 24 à 40
de la rue du Connétable, toutes précédées de cours qui sont
devenues plus tard la place du Marché.

Les premières acquisitions portèrent sur les prés. Le 28 juin
1662, le prince acquit d'Antoine Chéretz « une pièce de pré
en la prairie de Quinquempoix, contenant deux arpens, entourée
de fossés, tenant d'un côté aux héritiers Bassolet, d'autre aux

héritiers Chastelain, d'un bout à Son Altesse, d'autre bout à la rivière de Nonnette, à Claude Dulude et à Lemoine ». Le 31 juillet, Marguerite Tricot, veuve du receveur Simon Des-·prez, vend deux arpents en la prairie de Quinquempoix; le 12 décembre 1662, Claude Lemoine, deux arpents aussi.

Du 23 février au 22 juin 1663, les habitants de Quinquempoix dont nous avons déjà rencontré les noms vendent au prince leurs terres et prés enclos dans le nouveau parc; mais ils gardent encore leurs maisons et jardins. Le plus rapproché de Beauvais, Henri Blampied, vend une petite pièce de terre sise au *triage des Capucins,* et, derrière, un morceau de pré qui aboutit à la rivière; son voisin Pierre Debauve, cordier, un arpent et demi *proche la chapelle Saint-Germain,* et un morceau de pré au bout; puis Étienne Roland, un arpent *proche la chapelle Saint-Germain* et 13 verges de pré; c'est-à-dire le terrain qui s'étendait entre les jardins des maisons 24 à 40 et la rivière. De ce terrain, Le Nôtre fit la fontaine et le bois de la Tenaille (partie orientale de la propriété Chapard).

Voici maintenant l'héritage de Guillaume Burillon ; il appartient à Anne Dulude, veuve de Louis Seraux, dit Sandrin, remariée à Jean Lamarche. Le 12 juin 1663, Lamarche, cabaretier à Chantilly, et Anne Dulude, vendent au prince : « une pièce de terre assise proche la rue de Quinquempoix, contenant cinq quartiers, y compris jusqu'aux ormes plantés sur ladite rue, tenant d'un côté à icelle rue, d'autre à la pièce ci-après, d'un bout au clos du *Chenil;* une pièce de terre de deux arpens attenant la précédente, aboutissant sur le marais; une pièce de terre de 5 quartiers 21 verges proche ledit lieu, tenant d'un côté à Étienne Roland, aboutissant sur le marais, et d'autre bout au mur du nouveau parc; une pièce de pré au dessous de la maison et jardin dudit Lamarche ».

Vient ensuite l'héritage des Châtelain, extrêmement morcelé; le tout est vendu du 23 février au 22 juin 1663 par : Nicolas Lemoine, laboureur, et Jeanne Châtelain, sa femme, demeurant à Vineuil; Claude Dulude,. un des gardes de S. A. S, et Catherine Châtelain, sa femme, demeurant à Chantilly; Henri Tesson, laboureur demeurant à la Chaussée de Gouvieux, marié à Fleurippe Foyen; Fleurippe Tesson,

veuve de Martin Quinepeult; Claude Foyen, laboureur à Gouvieux; Thomas Tesson, laboureur à la Chaussée; Guillemette
Tesson, veuve d'Antoine Foyen, habitant aussi la Chaussée.
Dans les actes, nous relevons les mentions suivantes : « tenant
d'un côté à la clôture qui se fait du parc de Chantilly, ladite
pièce enclose dans ledit parc...; le pré de l'Epinette, proche
le Gril...; tenant d'un côté et d'un bout aux murailles du nouveau parc. .; le pré de l'Epinette, tenant aux marais...; 31
verges de terre faisant partie d'une plus grande pièce, laquelle
quantité le prince a aussi nouvellement fait enclore ou com-
prendre au dedans de l'allée qu'il a fait planter le long de la
muraille dudit nouveau parc vers la forêt...; prairie de Quinquempoix appelée l'Epinette... ». Le Grand Condé fit tout de
suite planter la partie supérieure de l'espace compris entre
l'avenue de Condé et le mur occidental du parc : ce fut d'abord
le bois Dulude, puis le bois des Cascades.

Peu après, le prince reconnut avoir besoin des jardins des
maisons de Beauvais (place du Marché) pour en faire son
potager; ils lui furent vendus, le 25 septembre 1663, par Anne
Parmentier, veuve de Martin Boullemer, en son vivant garde à
cheval de S. A. S.; Jean Masson, dit la Bulte, muletier de
S. A. S., et Françoise Aubry, sa femme; Henri Blampied,
garde des étangs, et Barbe Aubry; Pierre Debauve, cordier,
et Marguerite Lenoir; Étienne Roland, « marchand hostellain », et Claude Huchet; tous « demeurant à Beauvais lez
Chantilly ». Ce « potager haut » se développa entre la maison
de Beauvais et celle de Quinquempoix. Le « potager bas » fut
installé entre la partie inférieure de l'avenue du Bouteiller et
la propriété Chapard; le terrain situé entre le potager bas et
la rue (du Connétable) s'appela le « boulingrin Bergier [1] ». La
partie de l'ancienne propriété Burillon comprise entre le potager
haut et la prairie fut convertie en faisanderie : c'est la partie
occidentale de la propriété Chapard.

Dans l'enclos de cette faisanderie se trouvaient enclavées la
chapelle Saint-Germain et les maisons Burillon. Le prince de

---

[1] Du nom du jésuite François Bergier, ami du Grand Condé et familier
de la maison.

Condé voulut d'abord se débarrasser de la chapelle, dont le patron et collateur était le chapitre de Notre-Dame de Senlis ; elle était située sur le territoire du diocèse de Beauvais. Le prince offrit à l'évêque et au chapitre de la transporter au bord de la route, en dehors du parc. Le chapitre donna son consentement le 29 novembre 1670, et l'autorisation de l'évêque, Nicolas Choart de Buzenval, fut accordée le 22 décembre suivant :

« Nicolas, par la permission divine évesque et comte de Beauvais, vidame de Gerberoy, pair de France, à tous ceux qui ces présentes lettres verront, salut. Sçavoir faisons que sur ce qu'il nous a esté représenté de la part de Monsr le prince de Condé que la chapelle de Saint-Germain dite de Quinquempoix, située dans l'étendue de la paroisse de Gouvieux de nostre diocèse, estoit en ruine et à présent enfermée dans le parc de son chasteau de Chantilly ; que pour de certaines considérations il désireroit la faire transférer ailleurs avec nostre permission, ayant à cette fin obtenu le consentement des chanoines et chapitre de Senlis, qui s'en disent les collateurs, et celui du titulaire de ladite chapelle ; veu nostre ordonnance du 24e du mois de novembre dernier passé, par laquelle nous aurions commis Me Claude Tristan, prêtre, docteur de la société de Sorbonne, grand archidiacre et chanoine de nostre église cathédrale, nostre vicaire-général, pour visiter ladite chapelle ; son procès-verbal du 26e jour desdits mois et an, contenant que ladite chapelle est en très mauvais estat, dans laquelle néantmoins, ainsi que dans l'enceinte d'un bastiment ruiné y joint, qui peut avoir esté l'avant chœur ou la nef de ladite chapelle, ont esté inhumés plusieurs corps de fidèles trépassés ; qu'elle est à présent enfermée dans ledit parc, où l'on ne peut aborder qu'après avoir traversé plusieurs jardins et bastimens ; et que le lieu le plus propre pour la construction d'une nouvelle chapelle est un espace de terre près le bastiment posé à une des portes dudit parc dite Princesse, dans l'étendue de la dite paroisse de Gouvieux ; et les actes des consentemens desdits doyens, chanoines et chapitre des 29 novembre et 17 octobre derniers ; tout considéré, et ouÿ sur ce nostre promoteur, auquel le tout a esté communiqué, Nous, pour lesdites causes et autres à ce nous mouvans, avons permis de démolir ladite chapelle de Saint-Germain de Quinquempoix à condition d'en bastir une nouvelle près ladite porte Princesse, d'une grandeur raisonnable et qui aura une issue par le dehors, et d'y transférer les ossemens des corps qui ont esté inhumés dans ladite chapelle qui sera démolie et dans l'enceinte dudit bastiment ruiné, ensemble la terre dans laquelle ils se trouveront, suivant la coutume de l'Église, pour estre lesdits ossemens et terre mis dans l'endroit où sera bastie ladite chapelle, qui sera creusé auparavant et béni par M⁰ Gilles Duchauffour, prêtre curé dudit Gouvieux, que nous avons commis à cet effet et pour tenir la main à l'exécution de nostre présente ordonnance, ensemble pour la bénédiction qui devra estre faite de la nouvelle chapelle par nos ordres avant que l'on y célèbre le sacrifice de la messe. Et cependant nous avons ordonné que le service qui se doit faire dans la dite chapelle de Saint-Germain sera acquitté dans une des chapelles de l'Église paroissiale dudit Gouvieux, où seront transportés les livres, calices et ornemens servans à cet usage. Donné à Beauvais le 22⁰ jour de décembre 1670 ».

Le 13 janvier 1671, le curé de Gouvieux vint bénir « le lieu marqué pour la construction de la chapelle, creusé et disposé pour recevoir les ossemens et terres des corps des fidèles trépassés qui ont esté inhumés dans ladite chapelle, qui doit estre abattue ». La cérémonie eut lieu en présence de M. Du Molard, aumônier du prince de Condé, de M. Coquart, son secrétaire, de M. Lenoir, chapelain du château, et de M. de La Rue, capitaine de Chantilly.

La chapelle fut aussitôt reconstruite, et, d'après les registres de l'église de Gouvieux, quatre inhumations y furent faites avant l'érection de la paroisse de Chantilly : « 21 février 1675, Mathieu Depville, manouvrier, tué près le pont du Gril par accablement d'une terrasse qui l'a écrasé ; — 3 décembre 1675, un maçon de Bury, âgé de 67 ans, décédé chez Louis Belpêche, demeurant à Beauvais lez Chantilly ; — 6 juillet 1679, Isabelle Rousseau, native de Genève, ayant fait abjuration de l'hérésie entre les mains du R. P. Goulet, de la compagnie de Jésus, recteur du collège de Charleville, le 10 février 1677, décédée chez Debauve, cordier ; — 22 février 1681, Roger Tétard, journalier de Liancourt, tué par un palefrenier et décédé le 19, âgé de 28 à 30 ans ».

Dans un document rédigé en 1708, je relève la note suivante : « Il y a une autre chapelle à Chantilly, qui étoit autrefois dans les faisanderies, que feu Mᵍʳ le Prince a fait rebastir le long du mur du clos de Dulude, proche le grand réservoir. Elle est à la nomination de Messieurs du chapitre de Senlis. Le chapelain est le sʳ Desprez ; il demeure à Paris, au collège du Cardinal-Lemoine, où il régente. Le revenu de cette chapelle consiste en dîmes au Mesnil-Madame-Rance et Moussy-le-Vieil ; elle vaut environ 200 livres par an. La chapelle est chargée de deux messes par mois. On a autrefois proposé à Messieurs du chapitre de Senlis d'échanger la nomination de cette chapelle et la nomination de la cure de Saint-Léonard contre celle d'une prébende de Dammartin. On croit que le chapitre feroit cet échange si S. A. S. le désiroit ». Je n'ai pas trouvé trace d'une négociation à ce sujet. Ce qui est certain, c'est que la chapelle disparut vers 1770 ; un acte de 1771 mentionne « l'emplacement » de la chapelle ; cet emplacement est aujourd'hui occupé par la maison n° 66 de la rue du Connétable.

*
* *

Débarrassé de la chapelle Saint-Germain, le Grand Condé voulut en finir avec les maisons voisines. Le 15 mai 1673, il acquit de Jean Lamarche et d'Anne Dulude la maison des Burillon. Le 12 mars 1674, Nicolas Lemoine et Jeanne Châtelain lui cédèrent « une maison, cour, jardin et lieux à Quinquempoix, tenant d'un côté à la Faisanderie, d'autre côté à Claude Dulude, d'un bout à la côte, d'autre bout à la rivière » (emplacement de la propriété de M. Legendre). Le même jour, Claude Dulude, garde à cheval des plaisirs du prince, lui vendit « un jardin enclos de murs au lieu dit Quinquempoix, dans le parc, contenant un demi-arpent, tenant d'un côté à Nicolas Lemoine, d'autre (occident) aux héritiers de défunt Jacques Cousin ». Le père de Claude, Oudart, avait acquis ce jardin de Toussaint Masson, qui le possédait du chef de sa femme, Louise Châtelain.

A la suite, la maison que Jacques Cousin avait acquise

en 1638 des héritiers de Bernard Carrière fut vendue par ses
enfants, le 7 février 1675, au prince de Condé : « une maison,
cour, jardin à Quinquempoix, proche le Gril, tenant d'un côté
(orient) au prince au lieu de Claude Dulude, d'autre côté au
chemin (avenue du Bouteiller), d'un bout à la rue des Chastelain,
d'autre bout à la rivière, laquelle maison S. A. S. a fait enclore
dans l'enclos de Chantilly pour servir de jardin potager, et ce
depuis le 12 mars 1674 ».

Une autre maison, bien que située en dehors du parc, derrière
Normandie, gênait le prince de Condé, parce que les dépendances de cette maison s'étendaient jusqu'à l'endroit où il
voulait installer la machine élévatoire des eaux. Cette maison
avait été vendue par Claude Tesson, le 14 janvier 1648, à
Jacques Cousin, concierge de la maison du Gril. Après la mort
de Jacques, la maison échut par moitié à sa seconde femme,
Suzanne Trompeau, et à son fils Balthazar, issu de son premier
mariage avec Charlotte Lecomte. Le 15 juin 1675, Balthazar
Cousin vendit à Étienne Godefroy, dit la Muraille, armurier et
arquebusier demeurant aux Fontaines, « une petite grange
contenant une travée, couverte de chaume, partie de cour au
devant, l'enclos y tenant, de présent planté en Bourgogne [1], au
lieu des Fontaines, autrement Normandie, tenant d'un côté à la
veuve Jacques Cousin à cause de sa maison et portion de cour,
d'autre côté (occident) aux héritiers de Jeanne Gesseaume, d'un
bout à Claude Desprez (propriétaire de la maison de Normandie),
d'autre bout en pointe à la portion de jardin ci-après et au mur
du parc de Chantilly ; une portion de jardin dans lequel il y a
plusieurs arbres fruitiers, entre le mur du parc et le marais ».

Le 29 juin 1676, Étienne Godefroy et Suzanne Trompeau
vendirent au prince de Condé « la maison, grange, petite
étable, cour, cave, jardin » ; il se réservaient les matériaux qui
proviendraient de la démolition. « Les vendeurs pourront res-
ter dans ladite maison, sans payer de loyer, tant qu'il plaira à
S. A. S.; mais ils seront tenus d'en sortir, d'enlever les maté-

---

[1] C'est-à-dire en sainfoin ; de là l'origine du nom des Bourgognes, qui
s'est conservé jusqu'à nos jours : le canton qui le porte fut d'abord semé
en sainfoin.

riaux et les arbres du jardin dans la quinzaine suivant le jour
où ils auront été prévenus ». Cette jouissance prit certainement fin la même année, car en 1677 le prince de Condé fit
bâtir le pavillon de la machine élévatoire des eaux, qui reçut
le nom de l'ingénieur Jacques de Manse ; la machine fonc-
tionna avant la fin de 1679. C'est aussi en 1677-1678 que furent
créés : le bassin du Grand Jet, dont l'emplacement est occupé
par la propriété Lavallée et l'usine à gaz ; les merveilleuses
Cascades, dont la tête se trouvait à l'endroit où le passage
Cézilly joint la rue des Cascades, et dont les bassins s'éta-
geaient jusqu'au bas de la côte ; un peu plus loin, la pièce
d'eau dite la Capucine, supprimée par l'avenue de Condé. Ces
beautés étaient enfermées dans le bois Dulude, bientôt nommé
le bois des Cascades.

*
* *

Dès 1663, le prince de Condé avait acquis, aux environs du
Gril, tant sur le terroir de Quinquempoix que sur celui de
Vineuil, les prés qui étaient en dehors des marais du vieil
étang de Gouvieux. J'ai déjà dit que le Gril marquait l'entrée
de la rivière dans l'étang ; mais, dès le haut moyen-âge, la
partie supérieure de l'étang s'était envasée, transformée en
marais, et l'usage de ces marais appartenait aux habitants de
Gouvieux. Leur droit avait été confirmé, et précisé, le 4 juin
1603, par des lettres du bailli de Senlis qui notifiaient la fin
d'un procès : « L'accord et transaction fait entre le Connétable
et les habitans de Gouvieux sera entretenu ; ils jouiront des
marais et pâturages estans es environs et à l'entour de l'estang
dudit Gouvieux appartenant au Connétable, ainsy qu'ils ont
accoustumé de tout temps et ancienneté, sans que iceux habitans puissent prétendre de passer et repasser le long et au
travers dudit estang et de la rivière avec nacelles ainsy qu'ils
y prétendoient par le procès, et se contenteront de prendre,
scier et emporter les herbes du marest au col, sans nacelles et
autres instrumentz ; et afin que le cours de l'eau ne soit
empesché, seront les grils de rellets dudit estang tenus netz ».

Dix ans plus tard, le 31 août 1613, la commune de Gouvieux,

ayant besoin d'argent pour rétablir la nef de son église, vendit 20 arpents de marais, à raison de 38 livres l'arpent, à Pierre Bassolet, bourgeois de Paris, qui avait une propriété à Vineuil ; un accord du 3 septembre 1616 y ajouta trois arpents : au total environ neuf hectares, depuis la maison du Gril en tirant sur Gouvieux, soit une grande partie de la prairie du Gril, nom qu'elle porte encore. Michel Bassolet, fils de Pierre, en passa déclaration au terrier le 20 novembre 1646. Ce Michel, écuyer, secrétaire du roi, laissa une veuve, Renée Naudin, qui abandonna tous ses biens à son fils « Louis de Bassolet, sieur de Villeroy », marié à Louise Portelot. Ceux-ci firent une première vente de prés au prince de Condé le 11 octobre 1666, 25 arpents (10 hectares) en six pièces, dont une au-dessus du Gril, vers Vineuil, et le prince entreprit aussitôt la création du Grand Canal.

Une seconde vente fut consentie par les Bassolet le 15 octobre 1671. Ce jour-là, le prince acquit : « 2 arpens de pré proche le marais de Gouvieux, dans lesquels S. A. S. a fait faire une *décharge de son canal* de Chantilly, tenant d'une part aux murs du parc, d'autre à la rivière, d'un bout au marais, d'autre bout aux autres prés du sʳ de Villeroy ; — une aulnaie contenant 5 quartiers près ledit marais, y compris ce que S. A. S. en a fait prendre pour *la nouvelle décharge de son dit canal*, tenant d'un côté à la terre dudit sʳ de Villeroy, d'autre au pré qui lui reste, d'un bout à ladite nouvelle décharge, et d'autre au marais ; — les terres composant *les trois chemins* que S. A. S. a fait faire, à cause de *la nouvelle chaussée qui va au village des Fontaines*, dans les neuf arpens de terre qui restent au sʳ de Villeroy, le premier desdits chemins allant à Gouvieux, un autre à Saint-Leu, et le troisième pour regagner la muraille du parc de Chantilly ; — un petit morceau d'environ 5 toises de pré qui reste au sʳ de Villeroy, lesdites 5 toises prises par S. A. S. pour ladite nouvelle décharge de canal entre la susdite aulnaie et ledit canal ».

En face du hameau des Fontaines, la transformation de la vallée était accomplie déjà lorsque fut passé, le 14 juillet 1679, l'acte par lequel la commune de Gouvieux vendit au prince « 48 arpens de pré en marais en trois pièces au lieu dit les

Fontaines de Chantilly : la première contenant 43 arpens, compris les fonds des *canaux et chaussée que S. A. S. a fait faire* autour de ladite pièce, déduction faite de la rivière passant par le milieu d'icelle, tenant d'un côté (nord) aux terres labourables de la côte au-dessous des remises, d'autre côté au reste dudit marais, d'un bout à la chaussée conduisant du pavillon (de Manse) à la plaine des Remises, d'autre bout au reste desdits marais de Gouvieux ; la seconde contenant un arpent de l'autre côté de ladite chaussée, tenant d'un côté à ladite chaussée, d'autre au pré de Bassolet, d'un bout à la rivière, d'autre bout à la côte au dessous des remises ; la troisième contenant quatre arpens au même lieu, tenant d'un côté à la rivière, d'autre au hameau des Fontaines, d'un bout à S. A. S., d'autre bout aux héritiers Jean Tesson ; moyennant la somme de 4000 livres ».

Ce Jean Tesson avait acquis, le 18 septembre 1640, quatre arpents des marais de Gouvieux au prix de 500 livres, somme que la commune avait dû se procurer sans retard pour obéir au commandement du roi, reçu le 14 septembre, « de fournir pendant le jour de mercredi prochain en la ville de Compiègne une charrette, les chevaux, charretier et cinq sacs », imposition pour les besoins de la guerre. Le lendemain 19, Tesson céda la moitié de son acquisition à Marguerite Tricot, veuve de Simon Desprez, propriétaire de la maison de Normandie. Ces deux arpents furent vendus au prince de Condé, le 9 octobre 1681, par Suzanne Dathie, veuve de Claude Desprez, receveur de Chantilly, au prix de 800 livres.

Un mois plus tôt (5 septembre 1681), le prince avait acquis de Louise Portelot, veuve de Louis Bassolet, s^r de Villeroy, « sept quartiers de pré en une pièce en la prairie des Fontaines, tenant d'un côté aux aulnaies dudit seigneur, d'autre à la vieille rivière, d'un bout à la chaussée du canal du pavillon de Manse, d'autre bout au prince à cause des prés par lui acquis de la commune de Gouvieux » ; le prix était de 525 livres, auxquelles s'ajoutèrent 27 livres « pour la jouissance que le prince a faite dudit pré pendant l'année dernière ».

Enfin, le 19 avril 1685, la commune de Gouvieux vendit le reste de ses marais au Grand Condé, qui se trouva ainsi posséder toute la vallée depuis Saint-Firmin jusqu'à la Chaussée :

« 78 arpens de pré en marais entre la côte qui est du côté de la forêt de Chantilly (y compris les gorges) et la côte au dessous de la plaine de Saint-Maximin, tenant d'un bout (orient) aux prés ci-devant vendus par la commune à S. A. S., d'autre aux terres qui étoient anciennement (avant 1658) occupées par l'étang de Gouvieux, d'un côté aux terres labourables qui sont entre Vineuil et Gouvieux du côté de la plaine de Saint-Maximin, d'autre côté aux terres labourables de la plaine des Aigles depuis le hameau des Fontaines allant vers la Chaussée de Gouvieux...., lesdits prés faisant le reste des communes et marais desdits habitans de Gouvieux....., moyennant le prix et somme de 4000 livres ».

*
* *

Dans l'acte de la vente consentie par Louis Bassolet le 15 octobre 1671, il est question de la « *nouvelle chaussée* qui va au village des Fontaines », c'est-à-dire de la route de Creil. En février 1672, Charles Martin, charpentier du prince de Condé à Chantilly, Nicolas Maignan, laboureur demeurant aux Fontaines, et Félice Piat, sa femme, vendirent au prince une pièce de pré d'un demi-arpent, « ladite pièce de présent en chaussée, icelle chaussée nouvellement faite traversant la prairie dudit lieu des Fontaines et conduisant des Fontaines à la rivière du côté de Saint-Maximin ». Cette pièce de pré doit se placer vers le bout de la chaussée qui touche au quai de la Canardière.

Au milieu du XVII° siècle, Jean Tesson possédait, du chef de sa femme Jeanne Gesseaume, une maison située au-dessous de la ferme de Normandie (côté oriental de la rue de la Machine). Ses héritiers vendirent la propriété à Jean Chevallier, garde à cheval du prince de Condé. Le 27 juin 1682, Chevallier céda au prince « un petit jardin de 10 verges tenant d'un côté à la rue qui descend au canal du pavillon de Manse (rue de la Machine), d'autre côté à S. A. S., d'un bout par haut audit Chevallier à cause de sa maison, et d'autre bout par le bas à l'allée le long du canal conduisant audit pavillon ».

Cette allée (aujourd'hui le quai de la Canardière) absorba une partie des jardins qui accompagnaient les maisons du hameau de Normandie ; les actes d'acquisition ne furent passés que le 1ᵉʳ avril 1685 ; en voici la liste, en allant de l'est à l'ouest : de Jean Vérité, laboureur à la Chaussée, comme tuteur des enfants de Jean Genessanas et de Florence Martin, « 20 toises de long sur 4 toises de large de terre, tenant d'un côté au mur et pan de la maison, d'autre côté à l'ancienne rue, comprise à présent dans *l'allée que S. A. S. a nouvellement fait faire*, d'un bout sur la rue (de la Machine) en face de la porte de la veuve Jean Chevallier, d'autre bout au jardin de la veuve Charles Martin » ; — de cette veuve (Nicole Bansse), « un jardin contenant 7 toises de long sur 4 de large, tenant d'un côté au derrière de sa maison, d'autre à l'allée du pavillon de Manse, d'un bout aux enfants Genessanas, d'autre bout à Françoise Delaporte, veuve de Jean Mallet, remariée à Jean Mullot, et à leur beau-frère Claude Mallet » ; — des Mullot-Mallet, « un petit jardin de 20 toises de long sur 4 de large, tenant d'un côté au derrière de leur maison, d'autre à ladite allée, d'un bout à la veuve Charles Martin, d'autre bout au jardin d'André Marc, dit Lorange » ; — de ce Lorange, marié à Marguerite Denis, « 21 toises de long sur 4 de large du jardin de sa maison, et un autre petit jardin de 7 toises et demie de long, tenant d'un côté à l'allée, et aboutissant à la veuve Pierre Maignan ».

La propriété de cette Maignan (Françoise Aubry) nous amène à l'angle de la rue de Creil, laquelle fut en même temps créée. La veuve Maignan vend au prince « une pièce, tant jardin que terre, de 61 toises et demie de long sur 4 toises de large par un bout et 4 et demie par l'autre, de laquelle quantité en a été compris dans l'allée des Fontaines 4 toises, et 4 toises et demie du pied des arbres en allée basse et talus ; sur partie duquel héritage a été fait *le chemin qui descend sur la chaussée des Fontaines* (c'est-à-dire le bout inférieur de la rue de Creil) ; tenant d'un côté au surplus de la terre de ladite Maignan, d'autre côté à l'allée des Fontaines (quai de la Canardière), d'un bout (orient) au jardin des Lorange, d'autre bout au sⁱ Delapierre ». La veuve Maignan vendit aussi au prince « 14 verges de terre qui ont servi pour faire *le chemin conduisant de la chaussée des Fontaines à Chantilly* », et Lorange céda en même temps « 8 verges sur la côte pour faire *le grand chemin* ». Au dessus, les terres dépendaient de la ferme de Normandie, qui appartenait à Suzanne Dathie, veuve de Claude Desprez. Celle-ci vendit au Grand Condé, le 13 avril 1685, « une pièce de terre proche les Fontaines, contenant deux arpens moins dix verges (faisant partie d'une pièce de quatre arpens), partie de laquelle a été prise pour porter sur les terrasses autour du pavillon de Manse, et le reste est occupé par *le nouveau chemin qui conduit du bout de la chaussée des Fontaines à Chantilly* ». Voici donc l'acte de naissance de la rue de Creil.

La bande de terrain de 61 toises et demie de long (120 mètres) que le Grand Condé acquit de la veuve Maignan, le 1er avril 1685, pour créer l'allée qui est aujourd'hui le quai de la Canardière, dépassait de beaucoup la route de Creil dans la direction de la Chaussée ; elle aboutissait à des terres que Claude et Nicolas Mullot avaient vendues, le 5 août 1674, à Claude Delapierre, maître de la *Grande-Barbe* à Chantilly. Le 9 avril 1685, Delapierre en vendit au prince de Condé cinq quartiers (la moitié d'un hectare), avec une carrière, tenant d'occident à Nicolas Maignan à cause de Félice Piat, sa femme ; partie fut comprise dans « l'allée basse du pavillon de Manse ». Enfin, le 1er juin 1686, Nicolas Maignan et Félice Piat vendent au prince « 10 verges de terre faisant partie du jardin de la maison qu'ils habitent aux Fontaines » (côté oriental de la rue des Fontaines).

*
* *

Passons maintenant sur la Pelouse, dont la partie orientale appartenait seule au seigneur de Chantilly, la partie occidentale étant cultivée par les habitants de Quinquempoix et de Normandie. Lorsque les héritiers Châtelain, représentés alors par Nicolas Lemoine, marié à Jeanne Châtelain, vendirent au Grand Condé, le 12 mars 1674, leur maison de Quinquempoix, ils lui cédèrent en même temps les terres qu'ils possédaient sur la Pelouse, soit 18 arpents en quatre pièces, et une autre pièce de 4 arpents au delà du bois Bourillon, « tenant d'un côté audit bois, d'un bout à la futaie qui est entre ledit bois et les Houis ».

Le reste de la Pelouse fut acquis par le prince de 1680 à 1685 ; mais il avait pris possession, dès 1677, du terrain où il avait décidé de placer le Réservoir. L'emplacement de ce réservoir et les entours appartenaient alors aux Tesson-Foyen, représentés par : Henri Tesson, Pierre Lemoine, veuf d'Anne Foyen, une autre Anne Foyen, femme d'Isaac Roberdeau, s^r de la Noue, garde du corps du roi, Claude Foyen, laboureur à Gouvieux, et Claude Dulude. Le 29 juin 1680, Pierre Lemoine vend, entre autres pièces [1], « un arpent dont la plus grande partie est comprise dans *le réservoir* », et le prix comprend une indemnité « pour la jouissance que Son Altesse Sérénissime a pu faire de partie des susdits héritages *depuis deux années ou environ à cause du réservoir* ». Le 24 février 1681, Claude Dulude vend au prince cinq quartiers de terre « dont la plus grande partie est comprise dans *le bassin et réservoir* ». Le même jour, un arpent voisin est cédé par Jacques Masson, de la Chaussée, qui avait épousé une petite-fille de Thomas Tesson, Nicole Aubin. Le 27 juin 1682, une autre partie de l'héritage Tesson, acquise par Jean Chevallier, garde à cheval de S. A. S., est par celui-ci vendue au prince : « six arpens de terre en une pièce *où est à présent le grand réservoir*, tenant d'un côté au prince et à plusieurs, d'un bout sur le chemin de Senlis à Gouvieux, d'autre bout au mur du parc », ou plutôt au chemin (rue du Connétable) qui séparait cette pièce du mur du parc. Le réservoir créé par le Grand Condé était fort grand ; celui qui subsiste n'en représente que la quatrième partie, le quart nord-oriental.

Puis nous arrivons aux terres de Normandie, acquises les dernières. Le 13 avril 1685, Suzanne Dathie, veuve de Claude Desprez, vend au prince « 3 arpens 2 perches de terre proche le bois Bourillon, ledit héritage étant de présent occupé par l'allée qui sort de la pelouse Sainte-Croix, allant vers Gou-

---

[1] Une de ces pièces aboutissait à « l'orme qui est devant la porte du menuisier », c'est-à-dire à la grande maison de Quinquempoix ; dans l'aile droite, perpendiculaire à la route, le Grand Condé avait établi ses menuisiers ; dans l'aile du fond, ses serruriers ; l'aile gauche ne fut construite qu'au XVIIIe siècle.

vieux ». Cette allée, que l'on voit déjà, bordée d'ormes, sur un plan de 1682, remplaçait le vieux chemin de Senlis à Gouvieux en le rectifiant ; continuant en quelque sorte la route de Montgrésin, elle passait devant la chapelle Sainte-Croix, derrière le Réservoir, et au long du bois Burillon, dont quelques arbres isolés indiquent encore l'ancienne lisière. Entre le bois Burillon et la route de Chantilly (rue du Connétable), neuf arpents de terre, détachés du domaine de Normandie vers 1620, appartenaient alors, moitié aux enfants de Jacques Cousin et de Charlotte Lecomte, moitié à Claude Dulude par acquisition faite de Jacques Cousin. Les héritiers Cousin vendirent quatre arpents et demi au Grand Condé le 13 juin 1685 ; dix ans plus tard, le fils du Grand Condé acquit l'autre moitié de la veuve de Claude Dulude et la fit « mettre en pelouse ».

Le dessin de la nouvelle entrée du château, tracé en 1673, condamnait à disparaître les bâtiments édifiés par Anne de Montmorency entre l'étang et la forêt. Ces bâtiments s'étaient augmentés, entre 1642 et 1650, d'une hôtellerie située sur le côté oriental du chemin qui continuait, jusqu'à la chaussée de l'étang, la route de La Morlaye. En 1641, l'hôtellerie de Balthazar Delapierre occupe encore une partie de la grande maison de Beauvais ; en 1651, sa veuve déclare tenir du prince de Condé, à 10 sols tournois de cens, « une maison sise devant la porte du château de Chantilly, du côté de la forêt, où pend pour enseigne *la Grande Barbe*, tenant d'un côté (orient) au mur du parc, d'autre côté sur le chemin » ; cette déclaration fut renouvelée en 1662. Le Grand Condé acheta la maison en 1673, pour la jeter à bas. Mais il concéda aussitôt un terrain à Claude Delapierre pour y rebâtir l'hôtellerie de *la Grande Barbe :* car si le prince avait acquis tout le territoire pour laisser le génie de Le Nôtre s'y déployer tout à l'aise, il sentait la nécessité de remplacer les maisons disparues, et de créer près du château un village capable d'offrir des ressources tant à l'armée d'ouvriers qu'il employait qu'aux nombreux étrangers attirés à Chantilly par la réputation du maître et la beauté du lieu.

Entre l'hôtel de Beauvais et l'entrée actuelle du Jeu-de-Paume, se trouvait la vigne du seigneur de Chantilly. « La vigne de muscat » existe encore en 1615. Le lieu est ainsi désigné en 1629 : « L'enclos à présent planté en arbres fruitiers et cy devant en vigne de muscat ». Même désignation en 1637 et en 1661. Le Grand Condé résolut de concéder la bordure de ce jardin fruitier comme terrain à bâtir. La maison édifiée sur le premier morceau concédé a été supprimée de nos jours par M. le duc d'Aumale ; c'était le n° 2 de la grande rue, attenant à la porte Saint-Denis. La concession fut accordée, le 19 octobre 1669, par le prince de Condé à son premier valet-de-pied, Simon Mouret, dit Picard. Une maison fut aussitôt construite qui fut une hôtellerie à l'enseigne de la *Croix-Blanche*, remplacée en 1672 par l'enseigne du *Pélican*. Rachetée par le fils du Grand Condé, cette maison devint *la Poste*.

L'emplacement de la partie orientale de la maison n° 4 était alors « l'entrée du jardin du Bois-Vert anciennement appelé la Vigne ». Le terrain à la suite fut concédé, le 30 juillet 1671, à Étienne Nicolas, garde-chasse, qui créa aussitôt l'hôtellerie du *Grand-Cerf* (partie occidentale du n° 4 et maison n° 6).

Le 10 octobre 1676, l'emplacement de la maison n° 8 fut concédé à Henri Lejeune, maître chirurgien. En 1681, il déclara posséder « une maison tenant d'un côté au petit hôtel de Beauvais appartenant à S. A. S., où logent ses charpentiers (la route de Vineuil n'existait pas encore), d'autre côté à Étienne Nicolas à cause de sa maison du *Grand-Cerf,* par derrière au bois vert de S. A. S. cy devant appelé la Vigne ». Enfin l'espace ménagé pour entrer dans ce Bois-Vert fut aussi concédé, le 20 avril 1693, à Jean Lemaire, qui fit aussitôt construire une maison (partie orientale du n° 4).

Le 14 juin 1683, le Grand Condé reprit une partie du terrain de Mouret en lui achetant son jardin, d'une contenance d'environ 20 verges et fermé de murs, « tenant d'un bout à *l'allée de Beauvais* ». Le 30 août 1689, le fils du Grand Condé acquit « une partie de la cour de la maison de *la Croix-Blanche* à présent appelée *le Pélican,* dont S. A. S. a fait faire l'allée du bois vert de Beauvais allant à la Pelouse, passant proche *la Grande-Barbe* ». De cette allée il reste les deux arbres énormes qui se trouvent près de la grille du Jeu-de-Paume et dont nous connaissons ainsi l'âge. Ils sont contemporains des Six-Arbres de la Pelouse, qui figurent déjà sur un plan de 1683, mais au nombre de quatre seulement ; un document de 1726 dit encore les Quatre-Arbres ; c'est vers cette date que furent plantés les deux autres.

La Grande-Barbe, que nous venons de nommer, était une grande hôtellerie qui occupait l'emplacement d'une partie du Manège et de la maison n° 1. Le 22 avril 1674, le Grand Condé avait concédé à Claude Delapierre « une place située dans les champs de Saint-Laurent au lieu appelé les Pétrons, contenant 24 toises de face sur 20 de profondeur, à prendre entre et attenant la maison de Delfau, chirurgien, et le champ tirant à la chapelle Saint-Laurent ».

La maison de Delfau, dont l'emplacement est occupé par la maison n° 3 et par la maison n° 5, fut la première bâtie de ce côté de la rue. Le 27 octobre 1672, le Grand Condé concéda au chirurgien François Delfau « une place située dans les champs de Saint-Laurent au lieu appelé les Pétrons, devant la maison qui a été bâtie par Mouret, dit Picard, où pend pour enseigne le *Pélican*, et devant la grande porte du jardin fruitier appelé la Vigne, ladite place contenant 14 toises de face et 14 toises de profondeur » ; 6 toises de plus en profondeur furent concédées le 31 janvier 1674. — Les champs de Saint-Laurent, terres de l'ancien domaine de Bucamp, étaient ainsi nommées en raison du voisinage de la chapelle Saint-Laurent, une des sept chapelles édifiées vers 1534 par Anne de Montmorency ; elle se trouvait au bord de la route, en face de la maison de Bucamp ; démolie plus tard par l'ordre du duc de Bourbon, elle fut reconstruite dans le cimetière de l'hôpital créé en 1723 [1].

La maison de Delfau, qui prit le nom de *l'Épée Royale,* fut vendue par sa veuve, Geneviève Milliart, à Louis Sauvage, tailleur d'habits, le 16 août 1686. A cette date, les maisons représentées par les n°s 7 à 11 actuels étaient construites. Le

---

[1] Voir mon *Historique des édifices du culte à Chantilly*; Senlis, Dufresne, 1902.

terrain compris entre *l'Épée Royale* « et la place qui est laissée pour faire construire une chapelle », avait été concédé par le Grand Condé le 18 juin 1684 : la partie orientale à Claude Lemoine, un de ses gardes, qui fit édifier l'hôtellerie des *Trois-Couronnes*; la partie occidentale à Claude Durand, un de ses porteurs-de-chaise, qui créa l'hôtellerie du *Cygne*, aujourd'hui propriété de M. Mauclair.

Ces maisons, avec cours et jardins, formaient un quadrilatère encadré par la rue, l'allée de Beauvais à l'est, une allée d'ormes sur la Pelouse, et l'emplacement de la future église. En face, les quatre maisons édifiées sur l'ancienne Vigne étaient séparées des bâtiments de Bucamp et de l'Orangerie par l'allée de Beauvais, qui formait terrasse, et, à l'ouest, se soudaient aux dépendances du grand hôtel de Beauvais. Plus loin, quatre ou cinq maisons occupaient l'emplacement des n°s 24 à 40 de la rue du Connétable. Si l'on y ajoute la grande maison de Quinquempoix (n°s 50-52) et la Faisanderie (maison de Mme Chapard), on aura énuméré tout ce qui, en dehors du château et dépendances (Bucamp, Caboutière, Sylvie, etc.), allait former le noyau de la nouvelle paroisse, dont les Fontaines de Normandie et les Grandes-Fontaines seront les hameaux.

www.ingramcontent.com/pod-product-compliance
Ingram Content Group UK Ltd.
Pitfield, Milton Keynes, MK11 3LW, UK
UKHW021443090726
13657UKWH00003B/1186